现代篮球教学体系构建与训练科学

罗源凯 著

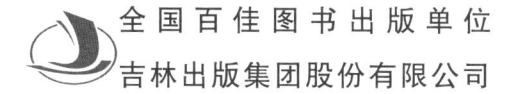

全国百佳图书出版单位
吉林出版集团股份有限公司

图书在版编目（CIP）数据

现代篮球教学体系构建与训练科学/罗源凯著. -- 长春：吉林出版集团股份有限公司，2023.6

ISBN 978-7-5731-3765-4

Ⅰ. ①现… Ⅱ. ①罗… Ⅲ. ①篮球运动－体育教学－教学研究②篮球运动－运动训练－研究 Ⅳ. ①G841.2

中国国家版本馆CIP数据核字（2023）第131755号

现代篮球教学体系构建与训练科学

XIANDAI LANQIU JIAOXUE TIXI GOUJIAN YU XUNLIAN KEXUE

著：罗源凯

责任编辑：欧阳鹏

技术编辑：王会莲

封面设计：豫燕川

开　　本：787mm×1092mm　1/16

字　　数：201千字

印　　张：10.75

版　　次：2024年1月第1版

印　　次：2024年1月第1次印刷

出　　版：吉林出版集团股份有限公司

发　　行：吉林出版集团外语教育有限公司

地　　址：长春福祉大路5788号龙腾国际大厦B座7层

电　　话：总编办：0431－81629929

印　　刷：北京银祥印刷有限公司

ISBN 978-7-5731-3765-4　　　　定　价：66.00元

版权所有　侵权必究　　　　　举报电话：0431－81629929

前　言

篮球运动深受广大人民群众的喜爱，在我国有着十分广泛的群众基础。其本身所具有的时空对抗、集体协同、健身娱乐等特点，不仅有利于人们提高身体健康水平、增强运动能力，而且还有利于人们保持心理健康、培养良好的意志品质以及提高自信心。可以说，篮球运动对于人们身心素质的全面发展起着十分积极的促进作用。

随着对篮球运动认知程度的不断加深，高校对篮球运动的教学与训练工作提出了更高的要求，篮球运动的教学质量在一定程度上决定了学生篮球运动的水平，同时也影响着高校学生身体素质的培养，对于学校体育教学的开展具有重要意义。为了更好地提升高校学生篮球运动水平，全面提高高校篮球运动的教学质量，使教师能够更加有条理、有针对性地进行篮球教学工作，作者撰写了本书。

本书共分为八章，第一章对篮球运动进行概述，分别介绍了篮球运动的起源、发展、特点、作用以及现代篮球运动的发展趋势；第二章从教学理论依据和教学模式等方面对篮球教学与训练进行概述；第三章介绍了篮球运动的教学目标，并对高校篮球教学目标创新和路径构建进行分析；第四章从教学原则在篮球运动教学中的运用、篮球运动教学的步骤与方法、篮球运动教学文件的制订三个方面对篮球运动的教学原则与方法进行论述；第五章是篮球技术教学与实训；第六章介绍了篮球课程教学要素的优化，分别是教学内容的优化、教学方法的优化、教学模式的优化和教学评价的优化；第七章和第八章分别对篮球心理素质训练和篮球综合素质训练进行详细的论述。

本书提出的一些关于篮球运动教学与训练的意见和建议契合了当今社会的发展以及篮球运动理念的需求，体现了科学性和时代性。理论发展的目的是指导实践，希望本书能够在人们探索篮球运动教学的道路上尽到绵薄之力。

在本书的撰写过程中，参考和借鉴了部分学者和专家的研究成果，在此向其作者表示诚挚的谢意。由于知识水平有限，加上时间仓促，书中难免有疏漏与不妥之处，敬请广大读者朋友批评指正。

目 录

第一章　篮球运动概述 ……………………………………………………… 1
第一节　篮球运动的起源与发展 ………………………………………… 1
第二节　篮球运动的特点与作用 ………………………………………… 2
第三节　现代篮球运动的发展趋势 ……………………………………… 13

第二章　篮球教学与训练概述 ……………………………………………… 21
第一节　篮球教学概述 …………………………………………………… 21
第二节　篮球教学的理论依据 …………………………………………… 23
第三节　篮球教学模式 …………………………………………………… 24

第三章　篮球运动的教学目标 ……………………………………………… 35
第一节　高校篮球教学目标与相关概念 ………………………………… 35
第二节　高校篮球教学目标创新 ………………………………………… 40
第三节　高校篮球教学目标的路径构建 ………………………………… 49

第四章　篮球运动的教学原则与方法 ……………………………………… 57
第一节　教学原则在篮球运动教学中的运用 …………………………… 57
第二节　篮球运动教学的步骤与方法 …………………………………… 66
第三节　篮球运动教学文件的制订 ……………………………………… 68

第五章　篮球技术教学与实训 ……………………………………………… 75
第一节　移动技术学练 …………………………………………………… 75
第二节　运球技术学练 …………………………………………………… 77
第三节　传接球技术学练 ………………………………………………… 79
第四节　投篮技术学练 …………………………………………………… 80
第五节　持球突破技术学练 ……………………………………………… 82
第六节　防守技术学练 …………………………………………………… 84
第七节　抢篮板球技术学练 ……………………………………………… 88

第六章　篮球课程教学要素的优化 …… 91
第一节　高校篮球课程教学内容的优化 …… 91
第二节　高校篮球课程教学方法的优化 …… 95
第三节　高校篮球课程教学模式的优化 …… 100
第四节　高校篮球课程教学评价的优化 …… 103

第七章　篮球心理素质训练 …… 111
第一节　高校篮球意识的基本内容 …… 111
第二节　高校篮球意识培养方法与测评 …… 115
第三节　高校篮球智能训练的内容及方法 …… 120
第四节　高校篮球运动专项心理训练 …… 124
第五节　高校篮球运动比赛心理训练 …… 129

第八章　篮球综合素质训练 …… 137
第一节　高校篮球核心力量训练 …… 137
第二节　高校篮球速度素质训练 …… 145
第三节　高校篮球耐力素质训练 …… 151
第四节　高校篮球灵敏素质训练 …… 154
第五节　高校篮球柔韧度素质训练 …… 159

参考文献 …… 163

第一章 篮球运动概述

第一节 篮球运动的起源与发展

一、篮球运动的起源

19世纪中叶之后,欧洲产业革命使得人们的思想观念慢慢地发生了转变,人们开始追求健康的生活方式;在美国,由于国力的增强与经济的发展,使得国家越来越重视体育事业的发展。在这样的大背景下,詹姆斯·奈史密斯发明了篮球运动。

詹姆斯·奈史密斯当时任教学校的所在地——美国马萨诸塞州,由于冬季过于寒冷,导致学校无法进行流行的棒球运动,而且学生并不喜欢在室内开展古典体操。这时,青年会找到詹姆斯·奈史密斯博士,希望他设计出一项既能够在室内开展,又能够受学生欢迎的运动,篮球运动由此诞生。

当然,詹姆斯·奈史密斯的设计过程并不是一帆风顺的,而是吸取了多种球类运动的特点创造出来的。篮球运动正式诞生的标志为:1891年圣诞节的夜晚,詹姆斯·奈史密斯将培训班的18名学生分为两队,用足球作为游戏工具进行表演比赛,并将这一游戏介绍给了观众。起初人们把这种游戏称为"奈史密斯球"或"篮球",由于其主要设备是挂在墙上离地面约3.05米高的篮子(basket)和需要投中篮子的球(ball),所以奈史密斯和同行将其命名为"basketball",翻译成中文就是"篮筐球",简称"篮球"。

二、篮球运动的发展

现代篮球运动的发展,从总体上讲,共经历了以下四个阶段。

(一)初创时期(1890—1929年)

这一时期,篮球运动由学校走向社会,并走向全世界。篮球运动在创造出的最初两年,并没有明确的人数、场地限制与游戏规则。直至1982年,奈史密斯编写了《青年会篮球规则》,此时,篮球运动有了最初的规则。

(二)完善时期(1930—1949年)

这一时期,篮球运动得到了迅速发展,此时就有一个国际性的权威机构来协调各国一同举办篮球运动，在这种背景下，国际业余篮球联合会宣告成立。1936年，篮球运动列入奥运正式比赛项目。自此，现代竞技篮球运动正式诞生。除此之外，在这一时期，篮球运动的规则与设备也有了进一步的完善。

（三）普及提高时期（1950—1989年）

这一时期，在篮球技战术创新性发展的影响下，篮球运动开始在全球范围内普及，并开始试行男女世界篮球锦标赛，而且篮球竞赛规则也进行了多次调整。另外，在这一阶段篮球运动员体型"高大化"成了一种时尚，甚至有"得高大中锋者得篮球天下"的说法出现。

（四）飞速发展时期（1990年至今）

现代篮球运动在这一时期得到了飞跃、快速的发展，职业篮球运动员从1992年开始可以参加奥运会、世界篮球锦标赛等国际篮球比赛。职业篮球则变得更加商业化、个性化、产业化，并且更具观赏性和人文性。与此同时，这一时期的篮球规则在诸多方面也有了新的调整，如场地区域、攻守战术、比赛速度等。

第二节　篮球运动的特点与作用

篮球运动既是一项体育运动项目，也是一种文化表现形式。篮球运动的发展离不开其所具有的独特文化内涵。因此，本节重点就是详细阐述篮球运动的特点和作用，以便人们能够更好地理解篮球运动文化，懂得欣赏篮球运动，进而促进篮球运动更好、更快地发展。

一、篮球运动的特点

（一）比赛的观赏性

篮球运动作为一种社会文化形态，能充分展现出人的心灵气质和优美形态，具有很高的技艺性与观赏性。另外，众多篮球明星队员的出现为比赛注入了强心剂，大大增强了比赛的观赏性。篮球运动场上，比赛情况是千变万化的，失败者的沮丧、胜利者的喜悦，都使人难以忘怀，这充分表明篮球运动具有极强的观赏价值，这也是篮球运动赖以发展的基础之一。

（二）运作的商业性

职业篮球运动员可以参加奥运会等世界大赛，对世界篮球运动的进一步发展与提高起到了强大的推动作用。随着篮球运动职业化程度的不断发展，各国相继建立起自己的职业联赛，如NBA是当前发展的最为迅速、影响力最大的职业联赛，我国的CBA联赛在近年来也得到了快速的发展。

国内外重大篮球竞赛组织者从电视转播、广告宣传、运动服装、体育器材、体育彩票等方面进行体育经纪活动，并通过经纪人开展赢利性经营和操作。这表明篮球运动具有商业性的特点，这也是篮球运动发展的新趋势之一。

（三）组织的集体性

篮球运动是同场对抗性项目，整个运动过程都充满着激烈的对抗，随着篮球运动水平的不断提高，这种对抗性越来越强。因此，要想在比赛中占据优势和取得胜利，球员不仅要有精湛的个人技术，更要有默契的集体配合。所以，现在的篮球运动队都特别提倡集体主义精神。

（四）运动技能的开放性

在篮球比赛过程中，技战术运用的条件和时机存在着较大的差别。技术动作的组合结构与练习过程中的技术动作组合结构总因时间、位置、对手等外部情况的不同而发生变化。

战术配合的安排和运用也不是一成不变的，在大多数情况下都要求运动员根据场上的具体情况做出准确的判断、抉择，灵活地贯彻教练员的意图。它们只有有机结合起来、相互依托，才能构成外显的竞技能力。

（五）竞争的对抗性

篮球运动是一项直接发生身体接触的对抗性项目，攻守的强对抗是其基本规律和特征。这种对抗表现在有球队员之间的对抗、无球队员之间的对抗、争夺篮板球之间的对抗、教练员之间的谋略对抗、双方队员思想作风和意志品质的对抗。对抗是竞争的一种高层次表现形式，通过对抗培养球员的竞争意识和能力，这种意识和能力也是现代素质教育的重要组成部分。

（六）篮球战术的多变性

篮球运动是以手控制球，并围绕着投篮得分展开攻守对抗。因此，技术动作复杂多样也造就了战术多变性的特点。篮球赛场上的情况变化万千，围绕着空间瞬时变化展开的地面与空间、单兵与集体配合相结合的攻守立体型对抗方式，是现代篮球运动的重要特征之一。在大多数情况下，固定的模式、不变的打法是难以应对比赛需要的，篮球战术的运用必须富有灵活性与机动性。运动员要根据比赛的具体情况，随机应变，提高临场应变的能力，灵活地运用和变换战术，只有这样才能为比赛的胜利打下良好的基础。

（七）比赛的职业化

自从现代职业篮球俱乐部成立以后，随着竞技运动水平的不断提高和比赛制度的逐渐森严，现代篮球运动在全世界都得到了快速的发展。

运动员智能、体能和技术、战术水平的提高，在篮球运动的职业化进程中起到了重要的催化作用。在20世纪末期，职业篮球俱乐部如雨后春笋般涌现，美洲、欧洲、澳洲、亚洲等地区的职业篮球俱乐部相继建立起来，在国际奥委会同意美国 NBA 职业球员参加国际大赛后，现代篮球运动进入了一个新的起点。发展到现在，职业篮球已发展为一项新的产业，这是篮球运动发展的一个新特点。

（八）运动的快速性

篮球比赛中一次进攻必须在 24 秒内完成，否则就算犯规，这就给篮球运动提出了更快的速度要求。

在保证快速性的前提下，篮球运动要继续加快进攻速度，争取主动控制权；继续提高运用技术和战术间衔接的速度；继续提高攻守转换速度等。这些都赋予篮球新的含义，高质量的快速技术、有节奏的快速转换攻守配合攻等成为各国优秀篮球队伍必须努力的奋斗目标。

（九）篮球活动的娱乐性

最初篮球运动就是一项活动性游戏，是一种人们喜闻乐见的全民健身娱乐手段。在后来的发展和演变进程中，篮球的娱乐性特征始终占据着一定的位置，是篮球赖以生存和发展的重要因素。

从事篮球运动的人能从中得到自我价值，愉悦身心，促进身心健康发展，而观看篮球比赛的人也能从中得到鼓舞、力量和快乐，丰富了自己的业余生活，使自己得到满足和自信。

（十）运动的教育性

在篮球运动的发展过程中必然会包含丰富的教育内容，所以，可以很肯定地说，篮球运动对于提高人们社会素质、加强人们的相互交往以及增强人们的民族意识和国家荣誉的责任感都有一定促进作用。

篮球运动是一种集体性的训练和比赛形式，要想获得篮球比赛的胜利一定要靠队员之间的配合与协调以及教练员的战术运用。我们可以把这种战术动作的配合视作队员之间的一种道德情感、共同的荣誉感和责任感，如果忽略了集体的荣誉感，一味地表现自己，影响了比赛的整体性必将会受到公众的批评和斥责。

（十一）知识的多元性

现代篮球运动具有内容结构的多元性和综合化的特点，形成了自己独特的理论和技术、战术体系。发展到现在，篮球已成为一门交叉性较强的学科课程，篮球运动方面的知识开始向多元化方向发展。知识的多元性要求运动员和运动队必须具备相应的运动意识、团队精神、个性气质、身体形态条件、生理机能、心理品质、道德作风、全面身体素质、专项技术与战术配合方法体系及实战能力等。

二、篮球运动的作用

篮球运动具有多种功能和价值，大致可概括为身体、心理和社会适应三个方面，具体如下。

（一）篮球运动对心理素质的影响

1. 篮球运动有助于提高健康幸福感

健康幸福感又称为心理自我良好感，是指与积极参加身体锻炼有关的某种兴奋、自信和自尊的情绪和态度体验，它是心理健康的重要标志之一。

相关的研究表明，健康和幸福的指数和体育锻炼是分不开的，积极地参加锻炼，对于幸福感和健康指数的提高有着很重要的作用。我们不难发现，生活在我们身边的人，能够积极参加运动训练的人和没有积极参加运动训练的人相比，前者对于自己的感受和评价更加的积极，这种积极性在女子的身上表现得尤其明显，产生这种情况的原因，主要是锻炼身体产生了心情上的愉悦。

积极地参加身体锻炼对于幸福感的产生有很大的影响，其中的原因来自生理上的、心理上的和社会上的三个方面，也有可能是三者共同作用的结果。我们需要特别注意的就是健康幸福感的逐渐增加实际上和消极情绪的减少也有一定的关系。有关的研究表明，一个人参加身体锻炼30分钟，他的紧张、焦虑、愤怒等不良的情绪就会得到明显的改善，同时这个人的精力也会变得旺盛。

当一个人的紧张、焦虑、愤怒等不良情绪减少的时候，本身也就相当于健康幸福指数的增加。在篮球运动中，当一个技术或者战术运用成功之后，或者是在取得了一场篮球比赛的胜利之后，个人的自我欣赏就会体现出来，并且把这种信息传递到人的大脑中去，紧接着就会产生一种自我认知的成就感，进而会产生愉快的心情，这个过程在人的生理反应过程中时间是非常短的。

2. 篮球运动有助于塑造健全的人格

所谓的人格健全就是指人的气质、能力、动机、人生观等各个方面都能够表现得相当完美。

对于篮球运动我们要从两个方面来看，从宏观的角度来讲，篮球运动是一场群体性的竞争运动，但是从微观上来讲的话，篮球运动又是一种两个群体间的每个个体相互竞争的运动。

在进行篮球运动的时候，每一个运动的环节都要求队员在不断发挥个人能力的基础上，配合整体的战术，换句话说，一个成熟的群体离不开这个群体中的每个成员的努力。篮球的运动是复杂多变的，每一个相互转换的瞬间都要求个体能够做出正确的判断，当然战术运用的时机也是非常重要的，个体的失误对于比赛的结果也是有很大的影响。

篮球运动的这种特点很好地说明了在艰难的状况中需要运动员表现出巨大的勇气，在常态下需要表现出创新的思想，运动员只有在拥有鲜明的个性以及独立的人格之后才能够体现出敢于创新和冒险的精神，进而在极端复杂的情况下与比较有实力的对手进行抗争，并且最终取得比赛的胜利。

在进行篮球比赛的时候,这种竞争精神可以直接表现出人的本质力量。积极地参加篮球运动不但能够在精神上锻炼人们的不畏艰难、勇于拼搏、敢于进取的精神,而且还能够增加人的自觉性、果断性等;对于身体上的锻炼则是更加直接,篮球运动可以增强人们的体质,减少不良情绪和生理疾病的发生等。综上所述,篮球运动在一定程度上可以实现人的个性的自由发展。

3. 篮球运动有助于情商的培养

篮球运动具有很明显的对抗性、统一性和集体性,适当的参加篮球运动可以有效地培养学生充沛的体力和精力、广泛的社会交往能力以及良好的心理承受能力,使学生能够以较高的情商去应对学习和生活中的困难。

此外,参加篮球运动,可以培养学生团结拼搏、乐于奉献、积极向上的优良品质;在篮球规则的约束下,有利于学生形成文明的行为方式和良好的体育道德风尚;在篮球竞赛过程中,有利于培养学生克服困难、善于创新的精神,有利于培养学生科学、文明、健康的生活态度。

一场篮球比赛不仅是学生身体和技能的较量,也是学生智慧、意志和协作精神等综合素质的竞争。运动场上学生的表现欲望反映了学生热爱美、表现美以及追求美的情感与能力,这是当代大学生的情商中所应有的基本内容。

4. 篮球运动有助于减轻焦虑和抑郁症状

有大量的研究表明,在人们感到焦虑、抑郁或者是愤怒的时候,进行一些短期的身体锻炼,有助于减轻人的这种不良情绪,当然减轻的时间是相对较短的,对于那些长期坚持参加体育锻炼的人,在他们身上发生心理疾病或者是焦虑、抑郁、愤怒等不良情绪的概率是非常小的。

身体活动或身体锻炼对焦虑和抑郁症状的改善具有积极作用。对于那些性情比较怪癖、性格内向、不善与人交往的人来说,积极地参加篮球锻炼能够促进人与人之间的自然交流,进而互相信任、相互鼓励。参加篮球运动,不仅可以增加人的快乐情绪,而且对于减轻人的不良情绪以及振奋人的精神都有着不可忽视的作用。

所以长期参加篮球运动,对于那些神经衰弱或者神经方面有障碍的人来说,具有很大的益处。

5. 篮球运动有助于创造良好的情绪体验

篮球运动要求人们要有良好的身体素质、精湛的技术水平以及心理上的平稳等,在规则允许的范围内去攻击对手,并且取得比赛的胜利。

篮球运动富有趣味和激情,在进行篮球运动的过程中,锻炼者娴熟的运球、巧妙的传球以及准确的投篮等,再加上攻守交错、对抗转变一系列战术的运用,会给人一种体育竞技美的感受，无论是在运动场上参与篮球运动的人，还是在观众席欣赏比赛的人，都会有一种"尖峰时刻"的感受，进而得到良好的情绪体验。

(二) 篮球运动对身体健康的影响

1. 篮球运动对心血管系统的影响

(1) 篮球运动对血液循环系统功能的影响

①对血管壁的影响。经常参加篮球运动锻炼或训练，可以使动脉血管壁的中膜增厚，平滑肌和弹性纤维增多，大动脉的弹性纤维增长，中等动脉的平滑肌细胞增长。

②使血氧饱和度增高。血氧饱和度是指血液中血红蛋白与氧结合的程度。血液中血红蛋白可以结合氧和解离氧，是人体必需的氧载体。血氧饱和度是反映血液运输氧的能力的重要指标。人体除了红细胞中的血红蛋白可以运载氧之外，肌肉中的肌红蛋白也是一种含铁蛋白质，其性质与血红蛋白一样。篮球运动可以使血氧饱和度增高，肌红蛋白增加，机体内含氧量增加。

(2) 篮球运动对心脏泵血功能的影响

①心腔扩大。在篮球运动过程中，由于肌肉活动需要消耗大量的氧气和营养物质，同时产生较多的二氧化碳等代谢产物。与此相适应，必须加快血液循环，输送养料，带走代谢物。因此，经常从事体育运动会使心肌增厚，心腔扩大，包括左右心室及左心房扩大。

②心肌收缩能力增强。篮球比赛是一项时间相对较长、强度较大的运动项目。在篮球运动中，心的输出量持续保持在一个较高水平，使心肌合成代谢增强，心肌收缩蛋白增加，心肌纤维有不同程度的增粗，心肌肥大，心肌细胞的功能活动增强，同时毛细血管活动功能增强，有利于心肌运动时氧气的弥散与营养物质的供应。

(3) 篮球运动对微循环系统的影响

通常情况下，骨骼肌中的迂回通路只有20%～30%真毛细血管处于开放状态，其舒缩活动主要与局部代谢物的积累有关。运动时，肌肉中的代谢产物增多，促使真毛细血管开放增多，有利于肌肉获得更多的氧气，以适应代谢的需要。

通常情况下，骨骼肌中的迂回通路处于开放状态，其舒缩活动主要与局部代谢物的积累有关。运动时肌肉中的代谢产物增多，促使真毛细血管开放增多，有利于肌肉获得更多的氧，以适应代谢的需要。在直捷通路中后微动脉和后微静脉更加吻合，血液流速增快，动脉和静脉吻合支开放量增加，皮肤的血流量自然也会增多。

2. 篮球运动对身体健康素质的影响

(1) 篮球运动对肌肉的影响

①篮球运动对肌耐力的影响主要包括以下几方面：

第一，红肌纤维增粗。肌纤维可分为快肌和慢肌两类，其中慢肌又叫"红肌"。红肌中含有较多的红肌蛋白。因此红肌发达的人，有氧耐力运动较好。篮球运动可以增加红肌纤维中的线粒体数量，并使其体积增大，增强氧化酶的活性，从而引起红肌纤维增粗。

第二，合成ATP能力增强。三磷酸腺苷（简称ATP）是提供机体的最终能源形式。篮球运动可使肌肉中ATP的含量增加，增强其合成能力，促进肌肉中CK酶的活性提高，耐乳酸的能力增强，同时使无氧酵解途径的酶的活性升高，有氧氧化能力提高，线粒体密度增大和有氧氧化代谢酶的能力提高。

第三，肌肉持续工作时间延长。延长肌肉持续工作能力的主要因素有肌红蛋白增加、耐乳酸能力和有氧氧化乳酸能力增强、神经系统的调控能力提高、能量节省化等。篮球运动可使骨骼肌中肌红蛋白的含量增加，含氧量增加，最大吸氧量和乳酸阈提高，并在相同的强度下发挥较高的效能，提高肌肉的耐力。

②篮球运动对肌肉力量的影响主要包括以下几方面：

第一，肌纤维增粗。通过长期坚持篮球运动锻炼或训练，可以使骨骼肌组织壮大，这与肌纤维增粗、肌原纤维增多和肌纤维数量增加有着密切的关系。

第二，动员更多的运动单位。运动单位是指一个运动神经元（神经细胞）同它所支配的一组肌纤维（肌细胞）。篮球运动是一项全身运动，在运动时强度有大有小，当进行低强度或轻负荷运动时，优先动用慢肌纤维，随着运动强度的不断增加和负荷的加大，快肌纤维也被动员。经过一段时间的锻炼后，神经系统得到较好的适应与协调，逐渐降低或抵消机体的自身抑制机制，动员更多的肌纤维，相同的肌肉就能产生更大的肌力。

③篮球运动对身体柔韧性的影响。在篮球运动中，跑、跳、投、传，每一个动作都需要全身的参与。篮球运动员在场上位置的不同，对全身各关节柔韧性的要求也有所不同。因此，全身各关节的柔韧性在每一个动作中都有具体作用，哪一个部位不协调都会对技术动作的正常发挥产生不良影响。所以，经常参加篮球运动可以改善身体的柔韧性。

（2）篮球运动可以提高有氧代谢能力

现代篮球比赛中的运动负荷为高密度、大强度，最大强度的心率可超过210次/分钟。由于比赛中经常出现因犯规、暂停、换人、球出界等而中断比赛的情况，运动员可以利用这些时间获得短暂的休整，心率逐渐下降到25次/10秒左右，所以在比赛中大部分时间都以有氧代谢供能为主。

世界一流强队之间的篮球比赛更为紧张激烈，一场篮球比赛中，运动员跑动的距离约为5～10千米，其中只有8%～18%的距离是队员以最快的速度运动的，其余大部分时间仍以有氧代谢供能为主，这可使场上运动员始终保持充沛的体力和旺盛的斗志。

一般来说，普通人参加篮球运动或篮球比赛，运动强度远远小于专业篮球运动员，其有氧代谢提供的能量比例更大，一般达到90%以上。因此，经常参加篮球运动可以有效提高肺泡通气量，提高呼吸效率，改善心血管机能，促进组织器官中氧化酶活性升高，增强利用氧的能力。

3. 篮球运动对呼吸系统的影响

（1）篮球运动对最大吸氧量的影响

在篮球运动中，人体需要通过呼吸系统从外界摄取氧气，并经过心血管系统把氧输送到组织器官。研究表明，经常参加篮球运动可以提高心脏的泵血功能、血液运输氧的能力和肌肉利用氧的能力。

另外，坚持参加篮球运动锻炼还可以使肌肉中的毛细血管增加，使线粒体的数量增多、体积增大，促进静脉血液回流和有氧氧化酶的活性增加，并可提高肌红蛋白含量和最大吸氧量。

（2）篮球运动对肺活量的影响

正常成年人男性的肺活量为3500毫升左右，女性约为2500毫升。经常参加篮球运动，能使呼吸肌得到发展、胸围加大、呼吸深度加深、肺和胸廓弹性增强、安静时呼吸次数降低、肺活量增大。研究表明篮球运动员的肺活量比常人偏高，优秀运动员可达7000毫升左右。经常参加篮球运动的大学生，肺活量明显增加，有氧运动能力显著提高，这说明篮球运动对改善机体的生理机能有积极的影响。

4. 篮球运动对身体形态的影响

（1）篮球运动对身体状况的影响

研究发现，篮球运动对身体状况有重要的影响。通过对男大学生在参加篮球运动锻炼前后的身体形态对比研究发现，上臂皮脂、背部皮脂、腹部皮脂的厚度明显减少。正常人骨骼肌重量约占体重的40%，经长期参加体育锻炼可达到45%～50%。篮球运动对男大学生体形的影响是锻炼后胸围、腰围、大腿围和小腿围的指数都明显低于锻炼前。

另有研究表明，有氧运动可明显增加脂蛋白酶（LPL）的活性。脂蛋白酶活性的增加可促进运动中和运动后体内的脂肪分解，增加脂肪的利用率，促进肌肉发达有力，体重增加，体脂率下降，达到强身健体、保持健美体形的目的。

（2）篮球运动对骨骼的影响

骨化是骨在生长发育中的重要过程。在青少年时期，骨中含有较多的有机物，具有很大的可塑性，长骨两端有使骨增长的骺软骨。在12～18岁之间，人的骺软骨生长的速度非常快，18岁以后，骺软骨的生长速度逐渐变缓，甚至不再生长。

在青少年时期进行适宜的篮球运动锻炼，使骨骼承受一定负荷的刺激，能够促进血液循环，改善骨骼的营养供给，加快骺软骨的增生和骨化增长，从而促进骨的生长发育。

骨密质分布于长骨骨干和骨骺的外侧部分。经常参加篮球运动，肌肉参与运动对骨有牵拉作用，会使骨表面的隆起更为明显，骨密度增厚，管状骨增粗，使骨的形态结构发生良好的变化，同时也能够使骨抗压、抗弯、抗折断等机械性能得到提高。

许多研究表明，对于发育中的骨骼，较低和中等强度的运动负荷可明显促进其骨密质的形成。

骨松质是大量针状或片状骨小梁相互连接而成的多孔网架结构，网孔即骨髓腔，其中充满骨髓。大量研究表明，篮球锻炼使骨小梁新骨形成增加，骨小梁排列更加有序化。

(三) 篮球运动对社会适应能力的影响

1. 篮球运动对社会价值观念的影响

(1) 篮球运动对创新意识和创新能力的培养

篮球技战术的不断变化就是不断创新的过程。篮球运动员在进行比赛的时候，对于教练制定的篮球战术要随着比赛节奏的变化而随时改变，不要一味地死守规则，完全遵从教条主义是一种很愚蠢的行为，对于比赛的节奏和状况不断变化的情况，队员们一定要及时做出相应的对策，根据场上现有的人员以及局势的发展形势，做出一些能够改变糟糕局面的决定。

所以，从一定意义上来讲，篮球运动对于培养人的思维、创新意识以及应变能力等都有着非常重要的作用，同时还有一点必须要提及的就是，篮球运动不仅仅是一个全面抗衡的运动，同时也是篮球运动员个人与个人之间的竞技较量，在进行篮球比赛的时候，在教练允许的情况下，篮球运动能力比较强的运动员可以尽情地展示自己的运动能力。

从这个意义上说，篮球运动有助于培养学生的竞争意识和开拓精神。这些优秀品质不仅表现在球场上，而且也会转移到日常的工作和生活中，有利于培养敢于尝试、不断创新的精神。

(2) 篮球运动对竞争能力和合作意识的培养

所谓的合作就是两个或者两个以上的人为了能够达到预先设定的目标，在行动上、思想上、语言上等通过一种相互配合的方式，达到自己的预期目标。合作和竞争是一样的，都是人和人之间的相互作用的基本形式，合作和竞争在形式上是相互对立的，但是在社会生活中却经常如影随形。

人类社会的不断发展证明了一个永恒不变的真理，这个真理就是个人的作用和贡献是有限的，真正能够发挥作用的还是集体，合作是人类社会中最为常见的一种现象。因此，必须让学生理解合作是人类生存的必要条件，理解合作有利于提高竞争者的竞争能力，有利于维护竞争者的心理健康，懂得合作中的竞争与竞争中的合作是社会主义社会的道德要求。

篮球运动中时刻充满了竞争与合作，我们在进行篮球运动的时候只有学会了竞争与合作之间的精髓，发扬团队合作的精神，才有可能在比赛中获得成功。

篮球运动是一个集体的项目，在比赛过程中要始终贯穿集体之间的相互配合。例如，在篮球运动中的传切、掩护等配合都是需要两个人或者三个人才能完成的，只有团队合作才能取得相对比较好的结果，综合多变的防守和进攻战术体系更是需要团队的配合才能够成功地执行。

集体之间的配合要想得到更好地发展，主要依赖于个体之间的同一目标和队员之间的统一思想，进而形成一个比较有凝聚力的集体。和对手之间的竞争以及与队员之间的相互交流和沟通都是具有非常重要意义的，个体之间的合作是保证集体能够取得胜利的关键，个体行为上的相互合作能够在一定程度上影响到人的心灵和情感上的沟通，最终为促进集体之间的凝聚力而贡献出自己的力量。

在此之外，在人们进行篮球比赛的时候，看台上的成千上万的观众的热情也会随着比赛的激烈程度而变化，他们把自己的情绪和激情与比赛的氛围联系到一起，全力支持自己喜欢的球队，甚至把自己视为球队中的一员，与这支球队同呼吸、同命运，所以无形中就加强了人与人之间的凝聚力。

我们不难发现，在进行篮球比赛的时候，参与者必须要抛弃相对狭隘的意识，不断开阔自己的眼界，从心底里认知并执行团队与合作的理念，这才是团队获得成功的必要条件。

（3）篮球运动对价值观的影响

篮球运动具有强烈的教育性。篮球运动是一项集体性质的体育运动形式，对于培养学生的组织性、纪律性以及集体主义精神都有着重要的作用。

大多数的青少年都具有较强的上进心、好奇心以及活泼好动的心理和生理特征，所以很多青少年都会比较喜欢篮球运动。在学校的教育中，有意识地增加一些篮球的教学课程，并且定期组织一些篮球竞赛，能够培养学生的竞争意识和积极进取、不怕困难、勇于拼搏的精神。"胜不骄，败不馁"是对人意志素质方面的要求。

积极地参加篮球运动能够很好地培养青少年顽强拼搏、积极进取的竞争精神，同时积极地参加篮球运动在一定程度上还能够培养他们的责任感和集体荣誉感等，这种潜移默化的影响是绝对不能忽略的，篮球竞赛能够在一定程度上满足学生的精神需求以及情感上面的需求，能够最大限度地去激发他们锻炼身体的愿望。

2. 篮球运动对社会规范的影响

（1）篮球运动有助于角色的定位与转移

在篮球运动过程中，每位参与者都担任了不同的角色，如中锋、前锋、后卫等，每个角色都有各自的分工、位置和任务。在有些情况下，场上的位置需要进行调整，相应的任务就会出现变化，角色的功能也需要发生变化，如前锋与后卫之间的调整、场上队员与场下替补队员之间的调整等。通过担任篮球运动中不同的角色，可以使参与者理解篮球场上角色的定位和转换。

同样，社会角色的定位与角色的转换也是根据社会的需要确定的，它是与人们的某种社会地位、身份相适应的。在一定的条件下，角色是可以发生变化的。经常参加篮球竞赛将有助于理解角色的含义，尽快地适应周围环境，并能通过自己的努力，适应不同的社会角色。

（2）篮球运动有利于促进良好的社会关系

每个社会的个体在进行社会化的过程中首先需要做的就是建立起一种良好的人际关系，没有良好的人际关系，人的发展就会受到很大的限制。良好人际关系的建立在一定程度上也能够从侧面反映出这个人的交往能力以及在人与人之间相互交流过程中所表现出来的心理满足的一种状态。

如果人与人之间缺少了平时的交往，个体的社会化进程就会受到很大的阻碍。人与人之间的相互友好交往也是社会发展的硬性需求，在交往的过程中会显现出一定的心理效应，最终满足人的生理需求。

友好和亲近的关系会给人们带来正能量，促进人的身心健康发展；厌恶或者仇视的态度则会给人带来一种压力和焦虑，对于人的身体健康百害无一利。所以，人际关系的本质是人的情感的社会交换，良好的人际关系是拥有良好社会交际的一种具体表现。

在进行篮球运动或者比赛的时候，人们的沟通行为就会变得越来越明显，同时这样的运动形式也给人们之间的相互交流提供了一个很好的平台。

凡是能够亲身参加篮球运动的人或者能够观看篮球比赛的人，都可以在这个比赛的过程中得到快乐，并且在进行比赛或者观看的过程中还有可能会收获友谊，因共同的爱好产生共同的语言。

经常处在一个气氛相对和谐的环境下对人的身心健康和情绪上的影响是很大的，想要获得良好的人际关系，队员之间就要和谐相处，相互关心，只有这样我们才能够在篮球运动中收获友谊，并且建立一种积极健康向上的生活态度，良好的社会关系才能得到进一步的巩固。

（3）篮球运动可以规范人的行为

①篮球竞赛规则对人的社会行为具有约束力。在我们进行篮球运动的时候，个人的行为一定要充分符合团队的规则以及理念，从每个人的自身做起，养成一种遵守习惯和规律的特性。在进行篮球运动特别是进行篮球比赛的时候，在每个人的心中一定要有一种崇高的体育精神和责任感，表现出踏实好学、拼搏奋进的精神，进而取得队友和社会的认同，尽量控制自己违反规则的行为。

篮球运动是一项比较激烈的对抗性运动，球员之间的身体对抗是在所难免的，在进行激烈对抗的时候，我们要尽量占据比较有利的位置，千万不能为了达到胜利的目的去故意伤害对手，或者为了某一次的球权或者得分采用一种投机取巧的手段，这不仅违反了篮球运动的规则，更加违反了体育的道德精神。

在比赛的过程中经常会因为比赛情绪的变化而导致暴力事件的发生，这些越轨的行为不仅会受到比赛规则的惩罚，同时在社会上还会受到严厉的斥责，情况特别严重者，还会受到法律的制裁。

②体育道德精神对人的社会行为具有影响力。人类的攻击性是人性的特点之一，篮球运动能够很好地体现出这种攻击性，在设计了一系列的社会行为的控制器、调节阀之后，从更深意义的层次来讲还有文化的约束力，如信仰、道德、法律等。

3. 篮球运动对现代生活方式的影响

（1）篮球运动已成为现代人生活中的一项重要内容

人们喜爱篮球更多的是追求对这种文化现象的体验，追求身心的完善发展。生活节奏加快是现代社会的主要特征之一。而篮球运动无疑是人们缓解和转移这种威胁的积极有效的方式之一。篮球运动的快节奏有利于提高人们适应环境的能力，它的趣味性则有利于释放人们的这种身心压力。

（2）篮球运动与终身体育

"生命在于运动"这句话很好地诠释了体育锻炼的真谛，随着社会的不断发展和人们生活水平的不断提高以及全面健身计划的逐渐实施，体育锻炼已经成为人们生产和生活中不可或缺的重要组成部分，终身体育意识深入人心。

篮球运动是全面健身的重要组成部分之一，在一定程度上得到了很多人的喜爱，来自于不同年龄段、不同性别的人对于篮球运动的热爱都有很高的积极性，篮球运动有着很高的健身价值，对于增强人们的体质以及身体的各项生理机能都有非常重要的作用。

第三节 现代篮球运动的发展趋势

自20世纪90年代以后，创新飞跃和攀高发展已成为现代篮球运动迈向21世纪的新目标，致使篮球运动进入了当代化时期，同时也表明了篮球运动将进一步在世界范围内推广普及，运动员的技战术水平和身体素质能力与要求逐步向篮球专项特点迈进，并激励攻守技战术的创新发展，在凶悍性、准确性、瞬时性、技巧性方面要求具备更加激烈的拼抢强度，从而使篮球比赛更具魅力。

总体上看，现代篮球运动的发展将依然是"巨人"群体智慧、意识、形态、个性、修养、技能、体能、能力等多因素综合实力的较量，攻守兼备，个体与集体协调配合，速度与高度相结合，体能、作风、智慧与对抗意识及技能的高度统一，即带着创新意识，朝着"智博谋高""身高体壮""凶悍顽强""积极快速""机敏多变""全面准确"这一总趋势以及不同流派风格和多种打法并存的方向发展，形成百花齐放的景象。这必然成为现代篮球发展的主旋律。

一、重视高度

重视高度即普遍重视运动员自然高度和提高制空能力。

由于篮圈距地面的高度在 3.05 米，所以篮球与高度有着紧密的关系，从某种程度上说，现代篮球运动仍然是巨人群体展开的大拼搏。篮球运动竞赛形式本质特征决定了以身高、体重、力量和技巧去控球，不高无优势，已是篮球比赛的不争事实。现代篮球运动的高度和高空优势仍然是世界强队追求的目标。但高度并不是单纯地指运动员身体形态，而是随着空间争夺的激烈冲撞，要求高大运动员日趋高中有灵、高中有巧，这是世界优秀高大运动员的特点。为此，高智慧、高速度、高体能、高强度、高形态、高空配合、高比分也成为现代篮球竞技的基本表现形式。现代篮球运动高的具体表现如下：

（1）世界高水平篮球队普遍重视整体的平均身高。世界优秀男子篮球队平均身高稳定在 2.05 米左右，中锋队员保持在 2.10～2.20 米，超高度的中锋队员达 2.20～2.30 米，全队通常要保持有 6～8 名 2 米以上队员；女子篮球队平均身高稳定在 1.90 米左右，中锋队员保持在 1.90～2.00 米，全队通常要保持有 4～6 名 1.90 米以上的队员。

（2）在重视运动员自然身高增长的基础上，普遍重视战斗作风、凶悍精神的培育和运动员制空能力的提高，强化力量和弹跳能力，以使自己的攻守都处于制空的优势状态。因此，随着高大运动员的大量增多，制空能力提高，空间拼斗更为激烈，防守时空间封盖与拼抢、进攻时立体型的空间配合和超高度的不同角度的技巧性扣篮，使现代篮球运动绚丽多彩，丰富了现代篮球运动的技术和战术内容。

（3）普遍重视综合素质和多样化的针对训练。一方面强化高、壮（体重与力量）、快、巧（灵活性）体能素质训练，以适应高空争抢，扩大空间范围优势；另一方面重视速度、弹跳、力量和个人技能与能力个性特点的培养，将本队基本战术打法中的适应性和机动应变的需要提高。

如今，整个比赛场地的各个区域和空间都已成为现代篮球运动的对抗范围，都提高了场上攻守转换的速度，并且位置变化灵活多变。因此，对高大运动员个体技术特长训练要给予强调和重视，同时十分重视个体意识和体能全面训练，使其内外兼修，高矮相比无绝对差异，高大运动员也能做灵活性高的动作，能里能外进行攻防，能快能缓适应战术调整。这一篮球本体特性的训练思想、训练观念是现代篮球运动发展的一种趋势。

二、重视智慧

重视智慧即要求运动员、教练员掌握科学文化，形成个性化的独特篮球智慧。

篮球运动是科学的智慧性运动项目，也是体育科学中的一门学科课程。篮球运动过程充满着哲理，充满着矛盾和矛盾的相互转化。因此，认识与解决矛盾就要靠知识，靠智慧，有谋略，有方法，善于预测，善于应变。两强相遇，智勇结合者胜。如果说足球运动能体现勇和猛的话，那么篮球运动则更能体现出"勇中寓智""猛中显巧"。这里，智是基础，勇则是手段，有谋有略、智勇双全才能化险为夷，克敌制胜。所以说篮球运动是一项智慧运动，善于打篮球、用头脑打球、用意识打球、用灵感打球，已成为世界优秀运动员的必由之路。只有用头脑、用意识打球才会使自己更充分显示出独特的运动才华，变得更聪明。世界优秀运动员之所以能在不同时期将自己的技艺在激烈复杂的球场上表现得淋漓尽致，不仅在于他们有出众的身体和技术，还在于他们有文化、有智慧、有个人作战的谋略，在任何复杂情况下都能沉着、镇静、应时变化自己既定的设想和方法，而且善于将自己的谋略与高超的技艺结合起来调动对方，在任何困难环境下最终达到预定的目的，使人感到他们用智慧打球，打聪明球，显示出他们的人格魅力和技艺风格。面对现代篮球运动近身的激烈凶悍拼搏，有胆识，有智慧，有技艺，动脑子，善思考，是现代优秀篮球运动员不断超越自我、充实自我的基础，也是世界优秀篮球强队综合智能结构提高的必然趋势。

三、重视速度

重视速度即普遍重视以速度争取时间并把握节奏、控制主动。既强调提高整体攻守阶段速度，又强调有节奏地加快攻守转换速度，从而达到快攻反击次数增多，快攻得分率提高的目的。特别是普遍重视提高高大队员参与快攻的全面意识和速度，在高速度、高强度中对抗拼搏，在高速度下转换技术与战术，在高速度、高强度对抗中保持较高的投篮命中率，以速度争取主动，以争取时间来控制空间，赢得胜利，这些已是现代篮球比赛对抗的又一特点和趋势。

据统计，NBA球赛从在前场的迂回捕捉时机到进攻结束，所耗时间为10～15秒钟，而在很多情况下，由后场快速推至前场，乘对方立足未稳之机便准确投篮结束进攻。像这样在高速度下的反复攻击成功，必然造成高强度和高比分的出现。这一趋势也必将在21世纪使得比赛规则对进攻时间的限制提出更高的要求，促使运动员更加增强快的意识，提高运用技术和转换技术的速率，强化攻守转换的整体速度，快攻将进一步发展，阵地进攻将进一步精练而有实效，个人投篮强攻能力将进一步提高，比赛也将变得更为紧张激烈。这一趋势不仅适用于制空属劣势的球队，而且制空有优势的球队也将更为重视提高速度，使高度与速度结合得更完美，促进当代篮球运动向更高层次攀登。

四、重视多变

重视多变即要求战术阵势机动化、应变多样化、攻守配合实效化。

战术的选择与组织都强调针对性，力求扬长避短，与本队实际、世界篮球发展趋势和时间观念、空间意识结合，普遍重视一个"快"字，突出一个"精"字，立足一个"变"字，达到一个"准"字，即在最短的时间、最快的速度下变化，组合最强的战斗力，取得最佳的效果。因此，世界高水平球队的比赛布阵落位迅速，阵势不一，都力求在对手防守阵势尚未成型之时展开全面攻击，并在攻击时随机应变。由此，攻守转换进一步加快，变化进一步莫测，加之世界强队普遍重视对防守杀伤力的研究和技战术的创新发展，防守区域较前扩大，防守变化中的攻击性和破坏性普遍提高，促使世界强队革新过去传统的机械性战术分位组织的整体套路模式的打法，强调在运动中伺机变化，在局部区域采用以两三个人参与为主体的机动配合。如个人伺机突破、投篮，或两个人之间的掩护、策应投篮，以及三个人之间的挡插三角进攻配合等。防守战术则向以人为主的集约性、综合性的凶悍而破坏力强的整体型方式发展。据世界大赛的统计，实力相当的男子队每场比赛各队进攻次数平均在120次，其中60%左右是个人变化攻击和运用两三个人变换配合结束攻击，得分占全队总得分的60%～65%，罚球得分占20%～25%，其他快攻和整体型的阵地配合得分占15%～20%；而我国甲A职业联赛的现状也与世界篮球运动现状发展的趋势相似，其中八一队更为明显。由于个人战术变化攻击能力提高，得分能力加强，两三个人之间的战术组织既机动又简便快速，便于应变，因此攻击的威胁性强，成功率高。《宋史·岳飞传》中有"阵而后战，兵法之常，运用之妙，存乎一心"之言，可见攻守过程无阵不战，然而运用阵势要无套化，要善于变化，有明确的针对性，要有利于发扬整体和运动员个人特长。

总之，当代化的篮球运动在战术指导思想上既不能忽视传统的整体行动，又要更重视个体和两三人的作战组合，战术配合力求简练、快速、机动、多变、杀伤力强。传统固定套路和队员固定分位的战术配合也将相对模糊，对运动员将要求技术更全面、战术意识更聪慧。

五、重视凶悍

现代篮球运动的特点之一是攻守对抗日趋激烈。作为一名优秀的篮球运动员首先要有胆识、有毅力和有勇气地与对手对抗，"技高人胆大，胆大技更高"，因为只有进攻中敢于拼搏才能得分，而篮球最终胜负是通过得分的多少判定的，所以自篮球确立规则以后，倡导勇敢进攻，强调大胆投篮，是没有争议的。随着进攻意识的加强，世界各国都在不断地围绕进攻创新发展了许多进攻理论、技战术，并在人员配置上不断地更新与组建，最终形成与现代篮球比赛智、高、快、准、全、狠、变的普遍特点相符合的技战术。

凶悍的争抢已成为现代篮球运动的发展趋势，各国必然会随着这一趋势，考虑防守的技战术创新和提倡凶悍精神，普遍把运动员强悍作风反映在整体与个体防守拼斗能力的提高和控制篮板球拼斗能力强弱上，并与时俱进地变革和创新了篮球运动的技战术（如提倡运用平步追防、身体主动用力抢位、堵截与积极错位抢断的个人防守技术,防守中不断采用综合防守战术制约对手,从而使现代篮球比赛类似战争中的短兵格斗)。这些创新与变革都有利于竞技魅力和教育价值的增强。凶悍观念的确立,促使国际篮坛流行出"拼斗""防守""篮板球"的意识与行动。

现代篮球运动,要求防守的主动性、力量性、凶悍性和破坏性更为激烈,个人防守的技战术也在不断地发展与创新。

(1) 在防守理论观点方面加强了创新意识,并提出了"进攻好能得分赢球,而同时防守好才能获得冠军"的防守新观点。为此,以强壮的体魄、正确的动机、符实的信念和坚韧的毅力、凶悍的作风为基础的个人防守技术与能力的训练受到更多重视。

(2) 防守战术的综合性,主要以抢断球、封盖球和抢篮板球为重点组建具备凶悍性强、效果好的防守战术配合,形成控内(控制篮下地面与空间)、堵外(以身体为墙扩大防区),促使无球队员不能随意向篮下和有球区穿插反跑或挡拆,以求将其挤离有球区和球篮,切断进攻的一切联系,伺机抢断、追截,对有球队员全力凶悍追击,近身平步扩展地面防守位置区域,判断进攻队员主要意图,身体提前运动,凶狠封、逼、盖、追,终止一切有利于进攻的行动,破坏其设想中的攻击目的。

(3) 在重视防守的个人能力提高的同时,还普遍十分重视防守策略和防守整体协同配合,最大的变化是由攻转守速度加快,当前场抢篮板球失机后,对获球的进攻者的行动限制意识与干扰行动加强,进入阵地防守时则全力追防对方的核心进攻组织者,并以卡两侧、堵中路打乱其正常落位布阵,逼使其进攻速度减缓,进攻区域外移,一旦局部防守失利、失机,则整体或临近防守收缩,及时调整变化防守阵型,力求每一次防守协同行动都能做到机动性高、破坏性大、杀伤力强。总之,谁能凶悍顽强地拼争防守和取得篮板球的主动权,谁就能掌握比赛全面的主动。

实战证明,现代篮球精神上的凶悍拼斗意识对于转变传统竞技比赛观念和扎实掌握实战本领更显重要,因此,世界强队强化凶悍作风的培养和体能体质的基础力量训练,以利于凶悍地进行拼争。正是由于拼争能力的提高,所带来的防守拼斗观念与技战术的变化,使现代篮球技术更为凶悍,从而形成优秀篮球运动员的职业修养、人格魅力、篮球理念、攻守意识、凶悍意志、体能力量、技能特艺、智慧谋略等多元化的成才体系。这是现代篮球运动的结晶,更是现代篮球竞技比赛当代化的要求和特征。

六、重视准确

重视准确即以投篮准确展演技艺、拼争胜负依靠准确的意识进一步增强。

篮球运动的最终目的就是投篮得分,而准确的投篮是篮球运动攻守对抗的核心,是取得胜利的关键要素,世界大赛出现的高比分主要是因为准确的投篮。"百载争高下,一球定输赢"是我国著名书法家欧阳中石为篮球运动诞生一百周年所题的词。这一理解就是篮球的真谛所在。一分的获得，有无数的准字在其中，首先表现为3分球投手多，普遍提高了命中率，投距远，投点广；其次，快节奏的攻守转换也能使比赛中反击、快攻次数增多，提高得分的效率。

十分重视投篮基本功训练，即要求投篮技术方法不单一、能变化，更要求动作扎实、正确和规范，而且要求在训练中对抗条件下投篮的高数量和高质量。据资料显示，世界优秀运动员都是在对抗条件下进行投篮训练，一般在6.50米外区域的不同角度定时定量投进500～600个球，这说明运动员一天要投1000～1500次，而在投进的500个球中的命中率要达到55%～70%，以此提高在正式比赛中全队整体投篮命中率在45%～50%，全队场次总得分不少于90分。

现代篮球运动除以投篮准作为"准"字要求的基点外，还要求掌握个体动作既规范又准确，扩大"准"的全面要求，例如运用技术时机的准确性高，转换技术、战术判断时间的准确性高，特别是外围3分球投篮命中率提高。远、中、近多点，多面投篮相呼应，已成为战术变化的基础和转危为安、反败为胜的主要手段。

七、重视全面

重视全面即要求在提高全面素质与能力的基础上有特长，拥有全面多能性明星队员。

随着世界篮球运动对抗强度进一步发展，各国普遍重视运动员个体与球队整体的全面素质、素养和技能能力综合化、多样化的全面提高，具体显示为：

（1）球队成员整体的社会文化氛围浓厚。世界强队的队员都具有较全面的文化基础知识，他们对现代篮球运动有较正确而深刻的理性认识，科学知识的熏陶与渗透使他们的思维、想象、观察、判断、决策和对新事物的接受力、承受力大大加强，而且敬业、拼搏、奋进精神突出。

（2）重视体能素质水平的全面提高。特别重视每名运动员制空高度和意识的提高，同时又重视其他专项身体体能如体重、力量、速度、灵活性、反应力、心理承受力等的提高，尤其是拼抢力量和快速爆发力量的提高，认为这是衡量其体能训练水平高低与能力强弱的标志，从而使许多特高大运动员达到既高又壮、又悍、又捷、又敏的要求。

（3）全面掌握并运用效果好的攻守技战术并有意识地培养比赛对抗的能力。当今篮球运动的一个重要发展趋势是敢于对抗、重视对抗、善于对抗，主动争取对抗的意识十分强烈，当对抗已成为普遍时，要重视防守中和抢篮板球时的对抗。认为防守是基础，进攻是根本，要求全队攻守平衡，做到攻得准、守得牢；而且要求每名优秀运动员攻守技术全面，做到能攻善防。

（4）对于握手、脚、腰、眼等的基本功要全面地掌握并做到扎实有效。这是全面型运动员在对抗中运用与应变技术和组合战术的基础，促使自己不断在实战中提炼创新、变异发展，从而形成自己技术特长绝招和个人技术风格及特殊的技艺；是培养成突出球星的保障。

全面素质、全面技术的提高和拥有球星数量的多少与质量层次的高低，是球队实力对比的标志，而培养全面的球星和具有特殊技艺的球星，已成为现代篮球运动制胜的必需。俗话说"千军易得，一将难求"，其内涵道理也在于此。

八、重视创新

创新是现代篮球的灵魂。技术、战术只有不断地创新，才会有活力。只有不断地创新，才能突破前人的成就，篮球运动才能不断发展。

然而创新是在认识与把握篮球运动本质特征与规律的基础上，对篮球运动发展趋势的真正理解和认识，是基于对当今世界篮球运动发展现状的客观了解和掌握。运动员、教练员以及篮球界的学者都应在篮球运动的实践中不断地创新，促进篮球运动不断发展。

总之，只有将以上几个方面相互融合、高度统一，才能真正把握当代篮球运动发展的新趋势，将球队带出新特点。

第二章 篮球教学与训练概述

第一节 篮球教学概述

一、篮球教学的任务与内容

（一）篮球教学的基本任务

在教师和学生共同参与篮球教学过程中，学生通过课堂教学，在教师的主导下，积极主动地掌握篮球运动的理论知识和技术技能，同时开发智力，发展身体形态、身体机能和身体素质，培养正确的人生观和良好的道德情操。

1．贯彻素质教育，培养正确的世界观

篮球课程教学是一个培养人才的教育过程，要重视政治思想教育、道德素质教育和集体主义教育，并结合篮球运动的特征培养顽强拼搏、勇于奉献的精神。

2．掌握篮球理论知识，提高技术和战术水平

篮球教学要使学生在掌握技术和战术的同时掌握相关的理论知识。理论知识是掌握技术和战术的依据，技术是战术的基础，三方面的学习内容应为相互作用和统一的整体，教学中必须给予同等的重视。

3．发展学生的身体素质，增强体质

身体素质是从事各项体育运动的物质基础。篮球运动本身需要运动者具备跑、跳、投等多种运动技能，篮球运动的学习可以活跃学生身心，促进身体正常发育，提高机能素质，增强体质，发展学生身体的力量、速度、耐力和灵敏等素质。

4．培养学生正确的思想意识和坚强的意志品质

篮球运动是集体对抗性项目，培养学生形成正确的世界观与人生观、养成团结协作和热爱集体的良好思想作风是篮球教学的主要任务之一。

（二）篮球教学的基本内容

篮球教学要根据不同层次的教学对象和教学目标选择不同的教学内容。教学是训练的基础，在许多情况下，教学与训练的过程相互交融，成为一个统一的整体，所以教学内容与训练内容没有本质的区别，不同的是教学侧重于掌握基本的动作概念、方法和技术规范，而训练则侧重于技术技能的熟练度与运用能力。

1. 篮球技术动作的教学

掌握篮球运动技能必须从学习技术动作开始，技术动作的教学是初学阶段最主要的教学内容。技术动作的教学包括技术规格、技术动作要领和技术的运用等内容。为使学生提高技术水平，教学始终要强调动作的规范性，使学生掌握基本功，为实践运用创造条件。

2. 篮球战术方法的教学

战术阵势和配合是篮球运动竞赛的特征之一，战术方法是教学的重要内容。在战术教学中，要使学生了解战术配合的方法要点与运用时机，与此同时，还要培养学生的配合协作意识，使其能够在比赛实战中机动灵活运用。

3. 篮球理论知识的教学

篮球运动已经形成了比较完善的理论与知识体系，其中包括教学训练理论、战术实践理论、规则与裁判方法和竞赛组织理论等，这些理论构成篮球学科的知识体系，是学习篮球课程必须掌握的内容。

二、篮球教学的基本要求

（1）篮球运动是一项集体性运动，集体作业是篮球教学的基本特点。在教学中，教师在传授技术、技能、知识的同时，要注重对学生的思想品质的培养，培养学生的团队精神，使学生通过篮球教学，陶冶情操、锻炼意志、修养品行，把对人的教育与技能传授结合起来。

（2）教师是教学的主导。在教学中，教师要善于运用各种方法，启发学生的积极思维，充分调动学生学习的主动性。把培养学生对篮球运动的兴趣转化为执着的热爱，从而提高学生学习的自觉性和积极性。

（3）在教学组织过程中，要重视课内与课外相结合，充分利用课外活动时间和各种可能的社会篮球活动机会，增加学生接触篮球的时间，在提高学生篮球水平的同时，重视他们篮球竞赛组织与裁判工作能力的培养。课外活动具有较大的灵活性和选择性，积极开展各种形式的课外篮球活动，是完成篮球教学任务的重要保证，对全面促进学生篮球素质的提高具有积极作用。

（4）正确地选择教学方法。篮球教学方法是完成教学任务的重要手段。教师在选择教学方法时，要考虑时代性和篮球学科的前沿知识及学校拥有的设备、条件，乃至自身学习掌握篮球教学方法的特点及其教学效果，同时根据教学大纲和教学进度安排的内容及其主次地位和教学原则，并考虑到不同年级、不同性别的学生及其身体素质、技术基础的差异性，以及场地、器材与设备等因素来选择教学方法，因地制宜、因材施教，最大限度地调动学生的积极性。

第二节　篮球教学的理论依据

教学理论是人们在教学实践的基础上总结概括出来的，由感性上升为理性的教学科学知识。篮球运动源于游戏，经发展成为身体直接接触的集体对抗项目之一。教学过程较为复杂，社会学、生物学、心理学和运动技能学等科学理论对篮球运动教学具有重大的指导意义。篮球教学理论依据包括以下几方面。

一、认知理论

篮球教学不仅要组织学生进行身体活动，而且需要传授大量与之相应的操作性知识。因此，篮球教学是促进学生认知能力发展、提高的过程。学生对教材的感知、体会、理解、巩固、运用和评价等认知活动有其固有的规律，篮球教学必须遵循这些规律。在教学实践中，要特别注意使篮球知识与篮球技术表象之间建立起固有的联系，使身体练习在知识（表象）的定向作用下进行，同时要通过认知活动来激发学生学习篮球运动的动机和兴趣。

二、运动技能的形成与发展理论

篮球运动技能的形成与发展一般要经历粗略掌握、改进提高、巩固运用和创新发展等阶段。其生理学和运动技能学的机制是：运动技能的学习刺激在大脑皮层相应的运动神经中枢，且建立暂时性的神经联系，这过程分为泛化、分化和自动化三个阶段，是大脑皮层相应的运动中枢兴奋与抑制由扩散趋向集中、分化抑制逐渐建立的过程。其本质是建立复杂的、连锁的和本体感受的运动条件反射。

三、运动技能的开放性和对抗性理论

体育运动技能分若干种类，各类技能的性质存在一定的区别。篮球运动是直接对抗性运动项目，其技术的运用完全取决于实战中攻守关系的变化，没有固定的程式，因此，篮球运动技能属于开放性运动技能（又称非周期性技能）。在体育教学中，开放式技能与封闭性技能（又称周期性技能）在学习上有各自的认知规律。篮球教学必须遵循篮球运动技能学习与认知的规律。采用与之相适应的方法，要把培养应变能力、对抗能力、配合能力以及意志、品质放在重要地位。

四、人体生理机能活动变化的规律

篮球教学是教师组织学生进行运动实践的过程，身体练习是掌握篮球技术技能的主要

途径。进行篮球技能的身体练习，就必须遵循人体生理机能活动的变化规律。运动练习中，人的生理机能活动变化的规律是由安静状态进入工作状态；人体的工作能力由逐步提高达到最大限度的水平，最后又逐步降低。长期的身体活动练习，既提高了篮球运动技能和身体素质，又使身体的运动技能能力得到适应性改善。遵循这一规律组织篮球教学，不但可以提高教学质量，而且可以增进健康，减少运动性创伤事故的发生。

五、人体机能适应的规律

篮球运动教学中的技术、技能的掌握，学生需承受一定的运动负荷，使体内物质能量不断消耗，引起疲劳和暂时身体机能下降（工作阶段）；经过间歇和调整，身体各机能会恢复到工作前的水平（相对恢复阶段）；经过合理的休息和能量补偿，会出现超量恢复，机体的工作力得到提高（超量恢复阶段）；如果间歇时间过长，会失去超量恢复阶段的效果，机体工作能力会下降到原来水平（复原阶段）。机体适应活动所产生的体内一系列变化过程是由工作阶段进入相对恢复阶段和超量恢复阶段，最后到复原阶段，这就是人体机能的适应性规律。在篮球教学中，为了有效地提高学生的机体能力，增进健康，就要合理地安排负荷和休息，使学生的体质得到增强。

六、学生身心发展的规律

在篮球教学中，学生身心发展依赖于篮球知识、技术、技能的掌握。而学生的篮球知识、技术、技能的掌握又依赖于他们的身心发展。这种传授知识、技术、技能和学生身心发展之间相互联系、相互制约、相互依存的辩证统一就是学生身心发展性规律。学生身心的发展，一方面有其生理和心理的自身发育和发展的规律和特点，篮球教学的内容、手段和方法要与其相适应；另一方面，学生的身心发展具有其可塑性，在教学中，教师要科学地估计学生发展的潜力，促进其发展。

第三节 篮球教学模式

一、教学模式的结构和功能

（一）教学模式的结构

任何教学模式都有其内在的结构。教学模式的结构一般包含以下因素。

1. 理论依据（指导思想）

任何教学模式都是在一定教学思想或理论指导下提出来的，理论依据是建立各种体育模式的理论基础，反映了模式的内在特征。理论依据在教学模式中是个独立的因素，又渗透在其他因素之中。如国外的信息加工教学模式是以信息加工的理论为依据，非指导教学模式是以人本主义教学思想为指导。

2．教学目标

教学目标是指模式所能达到的教学效果，是教师对某项教学活动在学生身上将产生的效果所做出的预先估计。任何教学模式总是为了完成特定的教学目标而设计的，它使主题更加具体化，在教学模式的构成因素中居于核心地位，对其他因素有制约作用，也是教学评价的标准和尺度。如群体合作教学模式的教学目标是改善课堂教学的心理气氛、大面积地提高教学质量。

3．操作程序

操作程序是指教学在时间上展开的逻辑步骤及每个步骤的主要做法等，任何教学模式都具有一套独特的操作程序和步骤。由于教学过程中既有教材内容的展开顺序、教学方法交替运用的顺序，又有内在的复杂的心理活动顺序，一般是从不同侧面提出教学活动的基本阶段及其逻辑顺序。操作程序只能是基本和相对稳定的，而不是僵化和一成不变的。

4．实现条件（手段策略）

实现条件是指促使体育教学模式发挥效力的各种条件（教师、学生、教学内容、手段、时间、空间等）的最佳组合和最好的方案。策略是指为教师运用模式简要提出的原则、方法和技巧等。

5．评价

这里的评价是指评价的方法、标准等。由于各个教学模式在目标、操作程序、实现条件上不同，因而评价的方法和标准也就不同，即每种教学模式一般都有适合自己特点的评价方法和标准。如群体合作教学模式评价因素不同于标准化的评价，它采用计算个人和小组合计总分的评价方式。但现阶段除少数的模式已初步形成一套相应的评价标准方式外，很多模式至今尚未形成自己独特的评价标准和方式，这也是今后教学模式研究中的一个重点和难点。

上述诸要素相互联系、相互制约，完整地构成了一定的教学模式。其中，前面四个因素是教学模式的重要因素。至于教学模式中各要素的具体内容，则因模式的不同而有所差异。

（二）教学模式的功能

1．理论方面的功能

教学模式是以简化的形式表达各种教学思想或理论，具有高度的概括性。教学模式来自实践，是在实践中形成的，是对某些有效的教学活动方式经过优选、概括、加工的结果，它能为某一教学思想或理论所涉及的各种因素和它们之间相互关系提供一种相对稳定的结构，随着概括层次的提高、运用范围的扩大，教学模式还有可能由小型的、层次较低的理论性概括逐步发展成完整的、层次较高的理论。从这个意义上说，教学模式可以为教学理论不断充实发展提供各种具体素材，由个别的特殊经验上升、转化为层次更高的教学理论。

2. 实践方面的功能

教学模式是某种教学理论的简化表现形式，它可以通过简要的解释或象征性符号来反映所依据的教学理论的基本特征，使人们在头脑中形成种抽象理论的框架，便于人们理解和掌握。教学模式还为某种教学理论运用于实践提供了比较切实的、可操作的实施程序，有利于人们把握和运用。它可供教师设计和组织各种具体教学活动方式参考。教学模式的实践功能有四个方面：一是预见性，即教学模式能够帮助教师预见体育教学活动所能达到的教学效果；二是指导性，教学模式能够为教师提供达到预期教学目标所需要的各种教学条件和实施教学的程序，指导教师开展教学活动；三是系统性，教学模式可以使整个教学过程成为一个有序的系统，并使教学过程中的各因素充分发挥其功能作用；四是完善性，科学规范的教学模式能够在实践中对传统的教学过程、教学方法和教学结果进行改进，从而使教学过程更有效地为培养现代社会全面发展的人服务，同时，教学模式自身也不断得到丰富与完善。

二、篮球教学的多种模式

（一）"传授动作技能"教学模式

1. 指导思想

"传授动作技能"教学模式是通过教师的传授辅导和学生的接受练习，以系统掌握篮球技术、技能为中心的一种教学活动体系。其强调以学习篮球的基本技术和技能为主导，遵循学生的认识规律和动作技能的形成规律，把教学过程分为感知、理解、巩固、运用等阶段，是我国篮球教学实践中长期以来普遍采用的教学模式。

2. 教学目标

"传授动作技能"教学模式是以促进学生掌握篮球技能有效的方式为手段，以教学大纲规定的技能评定项目为主要学习内容，以运动技能形成规律为主要依据，以学生学习技术知识、提高技能为主要目标的教学形式。这种教学模式能够有效地促进学生技术和技能的学习与掌握，通过技术和技能的传授来完成教学的各项任务。

3. 操作程序

经教师引导后，学生明确了目标，通过一些直观教学手段，使学生产生感性认识、形成视觉表象，进行模仿练习和表象练习，再经过实际练习和教师指导，建立动作表象和正确的肌肉感觉，形成动作技能，而后对学习效果进行总结评价，找出存在的问题，引起教学反馈的作用。其操作程序是：引发动机—明确目标—讲解示范—练习指导—总结评价。

4．实现条件

强调教学中教师的主导和支配作用，整个教学活动在教师组织指导和控制下进行。由教师规定教学目的、任务、要求等，学生依赖于教师，在教师的指导帮助下进行学习活动。教学条件：该模式运用效果主要取决于教师的教学技能水平、教学的方法手段，以及学生学习的自觉性、专项基础、身体条件五个因素。该模式主要由"系统学习"转变而来，在当前体育教学实践中被广泛运用。其优点在于：能充分发挥教师的主导作用，也能较好地调动学生的学习积极性；能按体育学科的逻辑系统循序渐进地进行教学，使学生掌握较为系统的技术技能，也能保持较高的教学效率。其缺点是：不宜正确地发挥教师的主导作用，较难发挥学生的主动性和创造性；不宜做到区别对待，容易出现"注入式"教学。

(二)"指导—发现"教学模式

1．指导思想

"指导—发现"教学模式是一种以解决问题为中心，注重学生独立活动，着眼于创造性思维能力和意志力培养的教学模式。该理论基础是布鲁纳的发现法教学原理，其认为教学过程是学生参与生活的过程，学生的学习是对现有经验进行持续不断的改造。因此，教学不应该是讲和听，而必须通过亲身活动去感受、发现和升华。

2．教学目标

引导学生手脑并用，运用创造性思维去获得亲自实证的知识；培养学生善于发现问题、分析和解决问题的能力；养成学生探究的态度和习惯，逐步形成探索的技巧。

3．操作程序

教师通过指导语的方式对所授篮球教材内容进行改造，使之成为学生通过努力可以自行解决的问题，同时向学生提供大量的观察和分析的直观感知材料。学生在课前根据自己对篮球的知识、经历和理解进行预习，带着遇到的问题，到课堂上寻找解答方案。在学生解决问题时，教师给予必要的指导，最后采用分析和归纳的方法共同进行总结。

4．实现条件

(1) 师生处于协作关系，教师引导学生通过主动发现来学习，把学习知识的进程和探索知识的过程统一起来。

(2) 教师要为学生创设一个认识上的困难情境，使学生产生一种想解决这一认识上的困难要求，从而能认真思考所要研究的问题。

(3) 采用这一教学模式要求学生有一定的知识经验技能水平储备，并利用统觉原理来解决新问题，将问题情境转变为解决问题的情境，直到问题解决。

(4) 教师要根据教学需要为学生提供必需的视听材料（幻灯、录像等）、参考资料（参考书、文献等），教师备课要编制明确、系统的问题来反映教学内容，以问题带教学。

"指导—发现"教学模式最大的优点在于使学生学会如何学习、如何发现问题和解决问题。这一模式在学习篮球战术、理解攻守关系和掌握技术重点或难点时运用，效果更为显著。但其也具有局限性，它需要学生有一定的知识经验和技能储备。

（三）"掌握学习"教学模式

1. 指导思想

"掌握学习"教学模式的主要思想是在集体教学的前提下，明确具体的教学目标，提供足够的学习时间，改进教学内容结构和教学方法，加强教学过程中的反馈与矫正，在学生面临学习困难的时候给予帮助，从而使绝大部分学生都能够真正地掌握学校所教学科的内容。其理论基础是卡罗尔"学校学习模式"的基本观点。布鲁姆认为教育目标都有外显行为等特点，都是可以测定的。布鲁姆的教学评价理论把教学评价置于教学过程之中，对照教学目标及时做出价值判断，测定教学目标是否达到，有效地进行指导教学一连串反馈活动，对调节教学过程、提高教学水平、保证学生学习任务的完成起着十分重要的作用。

2. 教学目标

"掌握学习"的教学目标在于大面积提高教学质量。这一教学模式认为，绝大多数学生都能学到学校所教的一切东西，承认所有学生具有均等学习的机会。"掌握学习"是在通常的班级集体教学的条件下进行的，力求把集体施教和因人施教统一起来。

3. 操作程序

（1）为掌握定向。即向学生介绍掌握学习的一般程序，使学生适应这种学习方法，明确学什么、怎样学，达到什么程度。

（2）为掌握而教。其具体步骤如下：

①根据确定的单元教学目标及其教学进程，教师按预定的教学计划，采取班级教学的形式对全体学生集体教学。

②在单元教学结束后，对全体学生进行单元的形成性测验。

③分析测试结果。凡达到掌握目标的学生，进行巩固性、扩展性学习，或教其他同学；凡未达到目标的学生，则分析其错误产生的原因，进行矫正学习。矫正手段包括个别辅导、小组合作性学习、教师有重点的指导等。

④再进行一次形成性测验，待大部分学生都已掌握了这个单元的内容以后，再转入下一单元的学习。如此循环往复，直到全部教材学完。

（3）为掌握分等。即在学完全部教材之后，对全班学生进行终结性测验。成绩评定是依据预先规定的标准，分为"已掌握A"和"未掌握B"两个等级。或将未掌握水平分为B、C、D、E、F等，借以表明学生的具体水平。终结性评价还应作为进一步提高的诊断性评定，使学生明确学习努力的方向。

4. 实现条件

（1）师生双方对"掌握学习"都要抱有信心。教师对学生应有真诚的期待，相信绝大多数学生都能学好，教师自身也要坚定信心，坚信能使绝大多数的学生学好。学生则要有两个先决条件，一是"认知前提能力"，即学习相应的基础知识、技术、技能的能力以及预习课程、学习习惯等；二是"情感前提特征"，即学习兴趣、胜任感、自信心等。

（2）确定篮球教学的内容、目标和测量手段。确定教学内容，要明确学习范围；确定掌握目标，要明确教学目标的达成度；形成性或终结性测验的内容要覆盖所有目标。

（3）为掌握制订计划，内容包括：设计教学单元及其教学时间；制订单元具体的掌握目标；编制单元形成性测验内容；准备矫正的手段，如个别辅导、小组学习、重新教学等。

"掌握学习"教学模式，以"反馈—矫正"为核心，围绕教学目标，运用多种方式进行形成性评价，根据评价结果，确定教学难点，然后安排重新教学，通过2～3人一组的相互帮助和教材指导等矫正措施进行教学。结果证明，这一模式在提高学困生的成绩方面有显著的效果。但该模式的许多问题还要在实践中加以研究和解决。如教学内容怎样划分才更科学、合理；教师上课前要做许多准备工作，要采用多种教学手段和方法，势必增加教师的负担；"因材施教"问题也要进一步研究；对于优等生则比较不适应，深化学习和扩展性学习难以解决。

（四）"程序"教学模式

1. 指导思想

程序教学就是将教学内容分成许多小步子，系统地排列起来，学生对小步子所提出的问题做出反应，确认以后再进入下一步学习。

程序教学的理论基础是新行为主义的学习理论。新行为主义者在学习理论上是以联结主义的原理来阐明学习现象。他们认为，学习是通过刺激—反应—强化而形成行为的。斯金纳根据操作性条件反射的实验提出：任何复杂的行为都可以用一种逐步接近、积累的方法由简单行为联系而成。据此，他建立了程序教学模式。他认为，程序教学的关键在于要精密设计操作的过程，建立特定的强化，使学习者通过学习得到外部或内在的满足。

2. 教学目标

这一教学模式在于教给学习者某种具体的技能、观念，或其他内部或外部的行为方式，如掌握某些智力技能或行为技能等。

3. 操作程序

将篮球技术、战术教学内容依据认知规律和技能形成的规律，分解成为若干个相互联系的小步子，使之成为便于学习的逻辑序列，同时建立相应的评价信息反馈系统。教学开始以后，学生依据小步子进行学习，学习后及时进行评价，依据评价结果对学习效果进行即时反馈。如达到了预定的标准，则进行下一步学习；如没有达到标准，则返回去重新学习，并配以相应的矫正措施。

4. 实现条件

采用这一模式，需把教学内容根据学习过程分解为许多小步子，并按一定的次序排列好。每一小步子均有技能达到的标准。程序教学的四条原则如下：

①小步子原则。每两个学习项目内容的差距越小越好。

②积极反应原则。学生学习效果的外显反应，要快速地体现在技能掌握的程度上。

③即时确认原则。学生做出的反应，要得到及时的肯定或否定

④自定步调原则。学习速度可以根据自己的情况来决定。

程序教学的优点是：可以使学习内容化难为易，易于学生掌握和巩固；及时反馈、及时强化，有利于调动学生学习的积极性，及时调整学生的学习；可以根据各人的情况，自定步调，确定学习进度，有利于因材施教，在篮球技术教学中运用效果较好。不足之处是：由于学生自定步调，学生练习的内容与方法不尽一致，不便于教师的教学组织。

（五）"学导式"教学模式

1. 指导思想

"学导式"教学模式是指教学活动以学生自学为主，教师的指导始终贯穿于学生自学的教学模式。其理论依据为以下几个方面：

（1）"教为主导，学为主体"的辩证统一的教学观。教学活动是教师的教与学生的学的有机结合。教师的主导作用主要体现在提出学习目标、要求，安排学习计划、内容，指导学生学习方法等；学生的主体地位只有通过学生主动地学习才能实现。

（2）"独立性与依赖性相统一"的心理发展观。学生是正在成长中的个体，随着年龄的增长，独立性日益增强，他们希望独立学习、自己管理自己。但是，他们认识能力还不成熟，自我评价和自我控制能力都不强，还离不开教师的指导。因此，在教学中教师必须考虑学生的独立性，培养他们的自学能力，同时要加以正确的指导。

（3）"学会学习"的学习观。当代知识激增，更新过程加快，教师不可能教给学生受用终身的知识，因此，培养学生自学能力、教会学生学习比传授知识更为重要。

2. 教学目标

以自学能力的培养为主要目标，实现以"教"为主向以"导"为主的转变。

3. 操作程序

（1）提出要求。根据教学需要，教师对自学的范围、重点和要解决的问题提出要求，让学生有目的地学习。

（2）自学。根据要求，学生自学，教师巡视，了解自学情况，及时解决学生个别问题。

（3）讨论、启发。学生针对共同的问题开展讨论（分小组、班级讨论），通过讨论相互启发、提高认识，捕捉疑点、难点；在讨论的基础上，由教师做启发性讲解，解惑、点

拨、指迷，给学生提供解决问题的思路和方法，提高学生的认识水平。

（4）练习运用。通过完成相关的练习、实际操作等，使学生将所获得的知识在运用中得以检验、巩固。

（5）评价、小结。教师对练习结果及时评价，并根据反馈信息，采取巩固性或补充性教学。评价方式有教师评价、学生互评、学生自评等。小结是指学习一个阶段后，要求学生将所学知识系统化、概括化并联系原有知识，从整体上理解所学内容。小结可以由师生共同做出，也可以由教师指导学生先归纳，教师再补充总结。

4．实现条件

（1）教师要有以"学"为主、"导"为主线的正确的教学指导思想，教师是"指导者""引导者"，要充分相信学生能自学，积极指导学生自学。

（2）教师要设计要求明确的自学提纲，提供必备的参考材料。要有一套指导学生自学的方法。该模式要求学生有一定的阅读能力，在篮球战术教学中运用效果较好。"学导式"教学模式可以提高学生学习的主动性和主体意识，有利于学生自学能力和学习习惯的培养，加速创造性思维能力的发展。采用这一教学模式，教师虽然少讲了，只起点拨、解疑的作用，但对教师主导作用的要求却更高了。如果教师不能做到这一点，自学就会导致自流，这种模式的优越性就难以体现。

（六）"合作学习"教学模式

1．指导思想

"合作学习"教学模式主张用人道主义的原则和个性民主化的原则来改造教育和教学过程，处理教育和教学过程中人与人之间的关系，激发学习热情，培养个性和谐发展的人。其理论依据是阿莫纳什维利为代表的"合作教育学"。这种"合作学习"的关系表明个人目标和同伴群体之间是相互依存的，使学生感到只有在和自己有关的其他同伴达到目标的前提下，他自己才能达到个人的目标，这种结构可以产生学生群体之间相互作用的积极效果，从而改善教学的整体效益。建立"互助合作小组"是实现学生群体合作目标的基本手段。

2．教学目标

通过异质分组，合理竞争，促进学生社会交往能力的发展，有效地促进学困生学习成绩的提高，充分调动学生的积极性，大面积提高学生的学习成绩。

3．操作程序

教学中依据自愿的原则把学生分成人数不等的若干个小组，练习时要以小组为单位结成"伙伴对子"，小组内发挥技术骨干的作用，学优生帮助学困生。教学过程中多运用小组练习、小组竞赛和小组评价等方法进行活动，在小组和伙伴的合作活动中学习掌握篮球教学的内容。

4. 实现条件

（1）要在教师的指导下，将全班分成几个异质学习小组，各小组的素质、技能大致相等。

（2）"合作学习"小组是一个亲密友好的群体，小组成员之间平等交往、彼此尊重、相互依赖。

（3）小组的内部协作与小组的外部竞争同等重要。通过小组的内部协作，个人成绩与小组总成绩挂钩，促进小组成员形成和谐、友好、平等的关系；通过小组的外部竞争，可以培养学生的竞争意识，激发学生的练习积极性。

（七）"领会"教学模式

1. 指导思想

"领会"教学模式的着眼点是从传统强调动作技术转移到培养学生的兴趣及认知能力。该模式把学生认知能力和战术意识的培养视为核心，将训练学生应付多种复杂情况的能力作为学习的关键，并根据学生的需要因人而异地教授多种技巧动作，强调的是学生理解掌握篮球运动规律及相应的技巧和战术。首先倡导在球类教学中采用"任务教学"代替传统"技巧教学"的是英国洛夫堡大学的宾嘉和霍普两位教授。

2. 教学目标

让学生掌握篮球运动的本质规律和内在联系，即把战术意识学习置于首位，让学生明白在如何运用技巧的前提下学习技巧，然后通过反复的练习和比赛加以巩固，使学生建立篮球运动和比赛的概念，获得一些战术意识，在理解的基础上学习相应的动作技巧，提高学生的学习兴趣。

3. 操作程序

"领会"教学模式主要包括六个部分，领会教学模式以"项目介绍"和"比赛概述"作为学习篮球运动的开始，通过教师的讲解，让学生了解篮球运动的项目特点、比赛规则（如比赛场地、比赛时间的限制、得分的方法等）和比赛所涉及的基本技巧。在此基础上，对学生进行战术意识培养。教师在介绍了战术之后，将结合实战向学生演示一些如何应付临场复杂情况的方法，对学生进行"瞬时决断能力训练"，培养和训练学生全面观察、把握时机、及时应变的能力。根据临场情况的不断变化，要求学生做出决断——"做什么"，并选择能取得最佳效果的技巧——"如何做"。在学生对比赛过程有所了解，并有了相应实践后，教师才视学生的能力及不同需要，引导教学进入"技巧演示"阶段，开始教授学生各种动作的要领和合理运用技巧的诀窍。在学生学习了技巧动作后，教师安排学生通过反复的练习和比赛来巩固，从而促使他们"动作完成"——完成相应的、有质量有效果的动作，最终达到比赛中的运用自如。

4. 实现条件

（1）从篮球运动整体特征入手，然后进行具体技能的学习，最后回到整体认识和训练中。

（2）强调从战术意识入手，把战术意识贯穿在各个教学环节中，突出整体意识和以战术为主导的特征。

（3）突出主要运动技术，可忽略一些枝节性的运动技术。

（4）注重比赛形式，并在比赛和和实践中培养学生对篮球项目的理解。教学往往从"尝试性比赛"开始，以"总结性比赛"结束。

第三章　篮球运动的教学目标

第一节　高校篮球教学目标与相关概念

一、教学目标内涵

教学目标的具体含义如下：当前达不到的事物，是尽力争取的、高校篮球教学向之前进的、未来会产生的事物。换而言之，教学目标是预期中教学活动达成的最终结果。高校篮球教学实践过程中，教学目标是参与者们在主观层面对教学活动结果提出的愿望，是对高校篮球教学者在教学活动结束后理应取得的行为状态具象化描述，也是学习者在经历学习过程后所应获得的学习结果。因此，在确定高校篮球教学目标时，其表述应具体而明确，具备可观察性、可测量性。高校篮球教学过程中，要表述教学目标必须使用清晰明确的语言。若出现表述不清的状况，则可能对教学策略、媒体等的设置与采用造成消极影响，并进一步阻碍高校篮球教学质量提高及学习者的进步发展。

首先要明确教学目标与高校篮球教学的相关概念，举例来说，要明确并区分教育目的、教学目标、课程目标、培养目标等概念。本章对众多理论研究成果进行了借鉴，在此基础上将教育目的体系划分成为四个不同的层级结构：教育目的、培养目标、课程目标以及教学目标。

在这一体系中，教育目的代指国家提出关于人才培养的总要求或针对受教育者的培养而制定的整体质量规格，是教育活动的出发点与最终落脚点。这展现出了抽象、概括和原则性的突出特点。教育目的抽象概括了教育活动所要实现的最终目标，对把受教育者培养成何种人才做出了具体规定。在我国，对各级各类普通高校教育来说，无论其人才培养处于何种层次、何种领域，都必须以国家提出的总要求为最高准则。

培养目标则将教育目的更加具体化，是各级、各类学校结合教育目的同大学教育性质、任务等提出的，有关学生发展培养方面制定的各种具体标准与相关要求。要实现培养目标，必须借由课程目标、教学目标的实现。培养目标被既定社会层次（体育一线教师、篮球教练员等）以及既定社会领域（体育领域、管理领域等）的具体要求共同决定。对比教育目的，培养目标更加具体细致，不同学校有着各自不同的培养目标，由此，培养目标显示出了突出的灵活与层次化特征。在具体内容角度上看，培养目标与教育目的有相似之处,然而其内在本质、核心内容是始终同教育目的保持一致的。但是,涉及具体目标,则需要考虑学校特色、学生发展状况以及培养层次等因素,制定更加灵活多变的培养目标。在逻辑关系上,培养目标承接了教育目的与课程、教学目标,起到了承上启下的连接作用。

课程目标代指某门课程教学的总目标,遵循国家在专业课程上制定的教育方式以及相关指导政策制定,旨在综合学生身心发展特点,使其在有限教学时间内,完成教师制定安排的各种教学内容,最终取得既定的人才培养成效。课程目标是培养目标的下级概念,传递了教学课程编制者、组织者在人才需要方面的思想诉求。在课程目标确定过程中,课程编制者、组织者更倾向于将其已有教学经验以及当前先进教育思想结合到一起,根据课程逻辑规律、市场人才需求与变化、当下最新教学内容进行调整,并站在教师与学生的教学实践活动角度,考察课程对于大学生发展所起到的作用。

层次体系图中,教学目标位于最底层,将在其之上的三个层次具象化到了课堂教学过程中,是教师和学生之间教学实践活动的直接目标、学习过程的最初目标,也是每个单元、课程乃至教学环节和活动预期取得的各个具体目标。站在不同角度解读教学目标,理解范畴也会发生不同变化,从课程研发者或教学管理者的角度看,教学目标为学生通过学习活动预期取得的结果;从一线教师角度看,是"施教目标";从学生角度看,是"学习目标"。

综上所述,教育目的即国家针对人才培养问题制定的总目标,是教育工作长远目标,是全部教学实践活动的出发点与终点;各个高校结合自身特点、性质及具体任务,在目的的指导下提出有关人才培养的细节标准与具体要求;培养目标要顺利实现需要以课程目标与教学目标为核心与基础,而教学目标则是保证上述三层目标顺利实现的具体手段。

二、相关概念的辨析

(一)教育目的同目标关系辨析

教育目的具有方向性,映射了国家总体性、最终化的教育方针与人才培养意图。《中华人民共和国教育法》中有明确规定,教育要培养德智体美等全面发展的社会主义接班人。从中可知,"培养德智体美等方面全面发展的社会主义事业的建设者和接班人"即我国教育目的,对比教育目的、培养目标、课程目标以及教学目标,教育目的并非是一个特定的教育学范畴。从某种意义上讲,课程与教学目标、培养目标都是教育目的的具象化,可以说是不同层次的教育目的。可见,教育目的与其他若干概念并非先后关系,而是从属关系"教育目标"是上层概念,其他概念则是从属概念。

(二)教学目标和目的的关系辨析

教学目的与目标有着鲜明的外在表现形式。现代教育体系中,无论哪一国家地区、何种学科、学段、课程及课题,在各种教学大纲、教学方案、课程标准、备课计划中,几乎每一部分都包含有"教学目标""教学目的"的相关内容,代表了教学实践活动预期获得的教学效果的特定表述。尽管具体内容各有区别,然而其基本构成要素以及表达方式十分接近。

在某些特定环境下,从概念上将教学目的与教学目标二者区分开来是十分必要的。教学目标被应用于课程或学科,大都应用概括性较高的语言进行陈述,英文中用"oal"一词作表述。当教师设计教案涉及教学目标时,陈述所用语言更加具体,英文中用"objective"一词作表述。为使二者有所区分,前者被称为"教学目的",后者被称为"教学目标"。后者目标的价值在使教学方式、方法以及媒体的选择及运用更符合实际,教学结果测评更加准确,学生学习更有成效。

三、教学目标分类理论

教学目标的研究与明确需要最大限度地避免模糊和抽象性,因此,一般强调要使用行为术语来对学习结果、学生变化进行描述,然而这一方式往往导致教学目标过于琐碎,把握难度加大。如若分类教学目标,一方面能够使琐碎目标有序化,另一方面也能够最大程度避免目标分析的疏漏或偏颇。可见,在教学实践过程中要确保教学目标的确定及科学合理地实施,在深入理解教学目标内涵功能的同时,也需要对教学目标分类理论有所理解。

1956年布鲁姆出版了《教育目标分类学》一书,同年,在认知领域中实现了教育目标分类系统的大发展。1964年以克拉斯沃尔为代表的学者正式推出情感领域教育目标分类系统,受动作技能领域目标复杂性的限制,研究成果并不丰硕;辛普生和哈罗分别提出了分属动作技能领域目标分类提纲。除此之外,梅瑞尔的教学目标分类理论、加涅的学习结果分类理论都具有较强代表性。

(一)布鲁姆教育目标分类学

二十世纪,众多心理学家与教育学专家学者,都以教育领域的目标分类问题为对象开展了深入研究,并根据这一课题提出了各自的观点,提出了各不相同的分类体系,并发展出若干理论体系,使理解、制定、实施以及进一步深入研究课程、教学目标有了更加坚实的理论依据。其中,布鲁姆提出的包括认知目标、动作技能目标以及情感目标在内的分类理论对我国教育体系影响较大。不同目标包含若干不同层次,逐步递进,相得益彰。

1. 认知领域教育目标

布鲁姆教授对认知领域的教育目标进行了详细划分,制定了领会、识记、运用、综合、分析、评价六个层次,最低层次为识记,最高层次为评价,并进行了详细的分类阐述。

教学设计过程中,处理理解难度高的抽象概念、运动原理的教学内容,应遵照六级设定教学目标来开展教学质量评价。部分学习内容并不强调需要学生开展分析综合与评价。因此，不能够一味照搬，需要根据具体情况适度调整。

2. 情感领域教育目标

经过多年实践，1964年，克拉斯沃尔根据价值内化程度的区别程度对情感领域教育目标做出了系统化分类，提出应划分出接受或注意、反应、价值评价、价值观的组织和价值的品格化五个等级。

3. 动作技能领域教育目标

在动作技能领域分类上，当前不存在公认、最佳分类体系，因此，本章选择辛普森动作领域分类体系开展研究，将动作技能教育目标划分成知觉、准备状态、引导下的反应、机械化反应、复杂外显反应、适应与创作共七个等级。

(二) 加涅五种学习结果教学目标分类

美国教育心理学专家加涅在《学习条件》著作中，对学习结果进行了系统性划分，制定了智力技能、认知策略、言语信息、动作技能和态度五个具体部分。

(三) 认知目标二维新分类

受学校关注程度影响，这是当前全部分类理论中拥有最丰硕研究成果、受关注度最高的一种。二十世纪九十年代中期，以安德森为代表的专家学者根据已有分类理论成果及美国课程标准改革修订了布鲁姆认知目标分类并于2001年最终完成，出版了《学习、教学和评估的分类学：布鲁姆教育目标分类学修订版》一书。在此基础上，课程教学家、教育心理学家、测量评价专家以及教学经验丰富的一线教师集体合作，完成了此书的修订版。在新认知目标分类中，认知目标的分析是借助知识与认知过程的二维矩阵维度来实现的。其中，知识维度被分为事实性知识、程序性知识、概念性知识以及元认知知识四类；认知过程维度被分为理解、记忆、应用、分析、评价和创造六个方面。

四、教学目标定位与取向

(一) 教学目标定位

篮球教学目标的定位，根本上说是确定整个教育目标体系中篮球课程目标的位置。从教学目标体系的整体来看，篮球课程目标受到"教育目的""国家教育方针""体育教育目标""专业培养目标"的制约，在另一方面也对其下属的课程教学目标制定起着决定性作用。因此，高校体育篮球的课程建设要将课程目标的定位问题放在首位。

课程定位必须建立在分析各种关系基础之上，需要在选取课程目标方面把握明确方向，确保课程目标与时代发展相契合，且具有具体性、可操作性、可预测性。自改革开放之后，国家层面的教育方针出现了性质上的转变，从指令性转变为指导性。之后以国家教育方针为指导到教学目标的制定、从宏观到微观的转换，都具有极大的弹性可调整空间。

换句话说，即各院校能够从其办学方向出发，对高校体育教育的总目标进行适当的落实，对于篮球的课程实施来说也同样如此，能够根据其院校体育教育特色以及办学的具体情况对其自身的课程教学目标做出适当调整，这使各体育院校教育教学的自主性和特色性发展有了更大的空间。

（二）教学目标取向

不同个体对受教学生发展规律、篮球教育教学性质和价值以及社会发展需求都有着不同的了解，在这三方面上的价值衡量取向各有不同，因此，在高校体育篮球教学目标的取向认识上也必然千差万别，在这里，取向主要代指课程目标表达形式。结合前辈研究成果可知，当前行为目标、展开性目标和表现性目标三种影响最大，因此，下面从这三方面着手分别探讨。

1. 行为目标

行为目标主要来自博比特、泰勒等人的理论研究，他们提出要通过具体行为对课程目标进行阐述，无论何种类型的课程目标都需要将"行为""内容"两部分包含在内。客观来看，以行为目标为取向制定课程目标有一定的优点，其优点主要表现在具体性与可操作性方面，然而其缺点也十分突出。首先，若用行为方式表达全部课程目标，则很有可能课程向能够明确表达和被识别的要素上倾斜，反而对于测评难度较高、被转化为行为方式难度较高的教学内容则忽视甚至无视；其次，行为目标将学习看作完整体，从用教学实现学生个性情操陶冶的角度上看十分不利；最后，课程目标制定的原理基础本身，有一定的可能性存在疑问或不足之处。由于在当前情况下，能够被确证同教育过程相关的知识仍旧有限，在教育教学正式开始前就明确规定的目标，有很大可能性在教学正式开展后反而成为与实际发展情况不相适应的内容。

2. 展开性目标

展开性的课程目标取向关注点不在于外部的既定目标，强调的是教师从课堂实际教学发展情况出发而灵活提出的有关目标。同行为目标是相对立的，展开性目标更多地强调了过程展开性的课程目标取向受实用主义、人本主义、学习中心主义理论影响较强。关注生成性学习，展开性的课程目标取向的最大特点在于经验性。从另一方面来看，这种课程目标取向也存在一定缺点，主要表现如下：首先，对授课教师提出了非常高的要求，教师需要能够充分理解受教学生身心发展特点，要对各学科体系有深入把握，并且要能够具备较强的研究能力；其次，授课老师要做出大量额外的教学工作；最后，受教学生在知识价值问题上很难做出准确判别。

3. 表现性目标

表现性目标可以说是行为目标批判的另外一种表现形式，以艾斯纳作为主要代表的专家和学者认为，表现性目标有利于帮助教师学生打破行为目标束缚，为学生提供更多探索机会，寻找发展能够激发其学习探索兴趣的各种问题。需要指出，表现性目标相对模糊，在课程导向作用上的发挥十分有限。更要明确，无论哪一门学科都有着自身特点，在部分学科领域中应用表现性目标，则无法有效确保学生根据其发展需求掌握必要学习内容。

通过对以上课程目标取向的分析可以发现，无论哪种课程目标取向都存在优势，但也各自存在不足之处。行为目标的优点是具体明确、操作和评价性强，缺陷是较难用其表达对受教学生的品德、个性、思维能力等方面的培养；展开性目标的优点是关注学生兴趣特征、能力发展、个性养成等，缺点是集体课堂教学中需要面对的学生数量多且个性、发展等各种各样，使这一目标很难达成；表现性目标的优点是关注到了学生的独特性以及首创性，缺点是较难使全部学生都完成课程标准基本要求。由此可知，应将三者有机地结合到一起，发挥其各自优势，使展开性与表现性的目标成为行为目标的补充，切忌将三者对立起来。

对于高校体育篮球课程目标来说，上述三种取向都能够成为参考以及修订最终目标的分析框架。高校体育篮球教学作为有着突出实践性的课程，关注学生对"三基""多会"的掌握，因此要考虑将行为目标形式广泛应用于教学；而对于学生篮球实践能力的养成问题，展开性目标则能起到更加有效的作用；而教学过程中强调学生创新创造能力的发展，则需要将表现性目标形式考虑在内。总而言之，无论何种目标取向都有着各自不同的优势和缺点，可见，在高校体育篮球教学的目标设定要特别注意综合考虑，最大程度做到扬长避短。

第二节 高校篮球教学目标创新

一、高校篮球教学目标特征

研究并明确高校篮球教学目标需要建立在认识其具体特征基础之上。经过系统全面的分析可以发现，其特征主要体现在以下方面。

（一）指向性特征

高校篮球教学目标对于教学的最终发展方向起着导向和制约的作用。根据系统科学相关理论，不管何种系统，即使输入没有确定，输出也有着或多或少的指向性。换言之，高校篮球教学系统融入人为、主观条件前，其目标也体现着指向性并且，上面所述指向性有多种不同发展可能，即可能发展成为多种目标。举例来说：

第一，促进学生的理论知识水平和实践能力水平的提升，保证学生发展全面健康，激发学生产生学习积极态度。

第二，推动学生在篮球运动上的裁判实践能力增长，引导学生理解并掌握执裁的尺度，锻炼并使学生掌握编排组织竞赛的能力。

第三，树立学生的篮球运动意识及行为，逐渐建立健康运动的良好习惯，为将来就业和终身篮球意识奠定良好的基础。

第四，培养学生养成遵纪守法、关爱他人、团队协作、服从组织、顽强拼搏、勇于创新、乐于助人、团结友爱的优良品质。

第五，从时代需求出发，培养有创新意识、创新能力、全面综合发展的篮球人才。

在足够的积极条件下，高校篮球教学系统正确、科学地运作将会产生上述积极成效。理解并充分掌握高校篮球教学系统的各种功能，在理解掌握的基础上提高系统具体成效，就实现高校篮球教学目标来说意义深远。

（二）制约性特征

从高校篮球教学系统的整体功能来看，篮球课的教学目标是通过各级教学目标逐渐实现最终完成的，因此其受输入条件制约，有着制约性特征。

首先，制定高校篮球教学目标建立在正确、客观认识篮球教学工作规律基础上的，篮球教学的目标映射了某限定范围内社会或阶级在人才培养方面的渴求。与此同时，社会政治体制及经济发展状况也不可避免地影响和制约了高校篮球教学目标的实现。由此可知，正确、深入地认识篮球教学规律是确定高校篮球教学目标的前提和必要基础，要从时代特点出发，不能越过时代发展规律超前进行，也必须能够适应当代高校篮球教学发展总趋势。

其次，高校篮球教学作为学校教育工作的重要组成，与学校德育、智育教育系统协同合作，在推动学生全面综合发展方面起到了巨大作用，是帮助人才培养质量提高的重要因素。制定高校篮球教学目标是顺利实现学校教学总目标的必要条件，高校篮球教学工作目标的实现实际上是服务于学校教育目标的，二者呈现出高低从属、上下递进的关系。从逻辑关系上看，学校教育对其下属校内体育有着制约作用，学校体育教育对体育教学、体育教学对高校篮球教学都有着制约作用，从整体功能上判断，学校教育大于其所属各组成部分之和。能够明确得知，制定篮球教学目标要综合考虑其具体位置、层次划分、教育系统的制约作用以及体育系统的制约作用等，否则，不考虑制约性特点而制定的高校篮球教学目标必将是片面的。

最后，高校篮球教学目标即教师和学生要通过教学实践活动努力实现的目标，与现实环境息息相关。高校篮球教学目标同样受教学资源数量质量、教学地点及季节的特点、教学时长等客观现实因素的制约，因此，制定高校篮球教学目标不能过高也不可过低，应将已有经验和当前具备的条件综合起来，科学分析高效性、可行性。

（三）对立统一性特征

高校体育篮球教学过程中，不同教学目标的实现要借助不同条件，因此，教学目标呈现出了对立统一的特性。对立统一的特性通过篮球教学内容选择设置、不同教学内容资源分配等方面表现出来。高校篮球教学实践活动的各个环节都设置有不同的具体教学效果目标，然而，在具体实践过程中，不同的具体教学效果目标并不能被同等对待处理，篮球教学的各个目标遵循着不同的发展规律并表现出了不同的特性。因此，课堂教学过程中必然出现各个教学目标的对立，如知识传播与技术学习、技术掌握与身体素质关注等。换言之，假设教师将学生身体素质发展作为教学目标，要实现这一目标就必须给予一定的时间安排足量相关的身体素质练习。时间是教学目标实现的基础条件，每一阶段的教学时间有限，素质练习占用比例增加，其他教学内容所占课堂时间比例必然相应减少，则其他教学目标的实现过程必然受到限制，反之同样如此。

需要注意的是，高校篮球教学目标的实现在显示出了对立性的同时，也存在着统一的特征。举例来说，加强学生集体主义观念，能够相应提高其自主学习积极性与组织纪律性，学生若能够做到严谨自律、积极主动、团结协作，一方面能够确保正常教学秩序，从另一方面来看，无疑也能够对其他教学目标的最终实现有所帮助。学生在篮球上的理论知识水平提高了，其身体练习的质量也会得到相应提高，篮球运动是按照既定理论指导而开展身体练习的，学习、理解、掌握科学篮球锻炼的理论知识与方法，有利于帮助实现篮球训练、篮球教学目标，保证教学成效。改善身体并提高综合素质能力，能够帮助学习并掌握篮球理论知识以及各种运动技能。篮球运动抽象理论知识以及各种实践技术技能的创造形成和发展，都必须以良好的身体条件做基础，对于任何体育运动而言都是如此，基础条件越优秀，对篮球理论知识以及技术技能的掌握就越高质高效。提高篮球运动的技术能力能够帮助学习者增强体质。学生具备了篮球运动技术，才能更好地展示其身心上的协调能力，运动技术能力的发展，能有效改善篮球教学，使学习者体质心智得到培养。

篮球教学各目标是统一的整体，彼此之间相互促进，相辅相成。因此，对高校篮球教学目标的研究与制定，要立足当下，紧紧把握高校篮球教学目标体现出的主要特性，顺应时间先后顺序使各种目标相辅相成，在彼此的相互作用中获得统一。

二、高校篮球教学目标创新原则

高校篮球教学目标要实现顺应时代发展的创新不能随意实施，必须按照要求进行，也就是说，需要以科学原则为指导，以确保目标创新进行得高效、顺利。客观分析高校篮球教学目标的内容及落实方式，可以得出如下结论：高校篮球教学目标的创新应在科学性与主体性、系统性和多元化四个原则指导下进行。下面对四个原则进行详细分析。

（一）科学性

设置高校篮球教学目标，应遵循科学性的基础原则。高校篮球教学的目标制定，只有严格以科学性原则为指导，保证自身科学性，创新才能真正体现出其价值；缺乏科学的基础保障，高校篮球教学目标就将同教学实践相脱离，真正的教学目标创新和发展更是无从提及。

首先，坚持科学性原则要从联系社会生活出发，要能够满足社会的人才需求。教育教学的核心价值是为社会发展服务，这一价值是借助培养社会所需要人才转变为现实的。高校篮球教学是实现教育教学的方式之一，必须承担教育职责，实现教育价值。因此，高校篮球教学需要从实现小目标开始，循序渐进，最终实现社会需求的核心目标。

其次，坚持科学性原则要充分考虑受教学生的实际情况，科学选择教学内容。高校篮球教学目标的具体制定同时需要从教学内容性质出发。例如，团队协作能力培养的教学目标，需要与教师技战术设置以及学生领悟战术意识的内容相配合，引导学生感受教学目标生成过程。

再次，坚持科学性原则要关注学生身心全面协调发展，要兼顾学生认识态度、情感性格等特征及其变化。教学目标的制定要适时适度，以学生"最近发展区"为参考标准确定教学目标，如果目标水平太低使其达成难度太低，则学生很难获得学习成就感；如果目标水平太高使达成难度太高，则学生学习积极性容易遭受打击产生厌学心理，上述两种情况都不适合学生发展，需要避免。

最后，坚持科学性原则要确保目标的高度可操作性。实际教学中，部分篮球教师较为容易将教学目标设置过高，导致其抽象广泛，学生必须对其"仰视可见"，从而产生了不必要的敬畏感，并很大程度上削弱了操作性，事实上这是对其操作意义的忽视，对于高校篮球教学目标的创新设置是十分不利的。需要认识到，实践性本身对于顺利实现教学实践活动来说是不可或缺的重要元素。因此，对于高校篮球教学的目标创新来说，实践性同样也是保证其良性发展的重要元素。

（二）主体性

高校篮球教学中，教师和学生都是主体，教学目标的构建也是围绕学生身心全面发展的中心实施的，因此，教学要坚持突出学生作为教学主体的存在，着重激发学生在教学过程中的主观能动性与创新创造力。当然，主体性是相对于而言的，传统高校篮球教学将教师与课堂书本作为系统中心，而实际教学活动过程中，往往极易出现学生的教学主体缺失现象。因此，教学创新需要坚持主体性原则，目的在于更好地激发学生教学参与积极性，引导学生在主观层面对高校篮球教学产生积极情感，更好地完成学生身心全面发展以及以人为本教育的目标。这里需要强调，主体性原则强调学生在教学过程中的主体地位，但教学主体不等同于学生主体，同时也需要将教师主体包括在内，不能与传统教学同样陷入局限性误区，肯定一方面否定另一方，坚持非此即彼，而是需要明确并肯定教师以及学生的双主体地位，从而更好地提高高校篮球教学活动品质。

高校篮球教学旨在培养学生知识技能、情感态度及价值观等，必须有受教学生的参与,作为教学创新的重要组成部分,高校篮球教学目标的改革必须坚持主体性原则,保证学生能够参与教学全过程的每个不同环节,从教学目标的制定到实施再到评价等。

根据高校体育教学目标的内容,篮球教学目标的制定要实现创新性发展,应始终贯彻主体性原则,要做到兼顾学生共性以及其各自独有的个性,保证学生个性和共性共同发展,真正实现将学生发展作为立足点。以大部分学生共性为立足点,要科学、合理制定稳定、具体、处于大部分学生最近发展区的篮球教学目标;以受教学生个性为立足点,一线授课教师要做到胸有成竹、未雨绸缪,能够对教学目标全面掌控、灵活调整,使全部学生都能在共性得到发展的基础上,展现出与众不同的个性,实现学生全面、个性化发展。

(三) 系统性

高校篮球教学目标是有机化、整体性的系统,包括课程、单元和课时目标三个组成部分,每个组成部分之间在横向上彼此联系,且在垂直纵向上彼此相关,有机结合,在系统整体中不可分割。可以说,高校篮球教学目标的创新本质上是目标系统的整体性创新,而随着整体创新的进行,各组成部分、目标要素也必须随之改变,自身也发生创新改革,以各系统要素相互之间的和谐有序来对整个系统起到支撑作用,如此才能确保整个系统的正常发展运作。

从纵向上观察可以发现,从课时目标到单元目标再到课程目标,三个组成部分之间呈现层层递进的上下级关系。换言之,课程目标对于单元目标的确定与具体实施起着一定程度的决定性和制约作用;同样,单元目标又对课时目标的确定与具体实施起着一定程度的决定性和制约作用,整个系统中,下级目标在上级目标的指导下逐步具体化,并最终通过教育教学过程转变为现实。从横向上观察可以发现,坚持系统性原则意味着篮球教学需要建立在与其他学科的优势整合上,与其他学科保持紧密联系,而不能将其机械地分离。例如,不能将计算机部分的学习内容等同于教会学生如何使用计算机、如何利用所学知识应对考试,这样做反而忽视了学习本质。要借助计算机部分的学习内容培养逻辑思维能力,确保学生掌握了知识和技能,能够自主运用计算机技术来解决篮球学习中的各种问题,能够站在信息技术角度审视篮球运动学习并从中发现与信息技术相通的博大智慧,产生篮球学习兴趣,促进心智发展。总之,教师需要在最大程度上将"知识技能、过程方法、情感态度价值观"的三维目标同高校篮球教学每个阶段的具体教学目标融合起来,促使学生将知识顺利内化并融会贯通,在各方面的能力都获得发展。

高校篮球教学目标的创新发展,要时刻坚持系统性原则,站在系统化、整体角度对高校篮球教学目标的改革进行审视,使学生能够对学习目标的任务及发展方向有更加清晰、明确地把控。在此基础上,学生能够借助高校篮球教学目标的导向性及时调整其个性化学习目标,对学习进度做出准确掌控。通过这种方式,学生拥有了更多的学习主动权,而非完全在授课老师掌控之下、按教师意愿开展学习活动,循序渐进地把被动学习由此转化为主动学习，主动学习转化为创新学习，将学习、训练切实转化为推动学生个体发展的必要方式，而非为应对考试不得不承担的负担。

（四）多元化

社会发展对于人才需求的多元转变，也决定了高校篮球教学目标必须向多元化转变。

首先，要将高校篮球教学的教育、发展和实质三方面目标有机融合起来，保证其能够落到实处。教育方面目标代指通过高校篮球教学开展面对学生的全面性教育，使其构建起正确积极的世界观、人生观和价值观；发展方面目标代指通过大学篮球的教学推动学生身心健康得到培养；实质方面目标代指通过高校篮球教学引导学生掌握领会篮球知识与相关技能。

其次，要将高校篮球教学同学生生活实际有机融合起来，严禁教学和生活之间的割裂。大量教学现状证明，当前很大一部分学校因循守旧，固守传统篮球教学模式，未能充分认识到学生生活、兴趣对于学习的意义。学习本质上说是推动学生社会化发展的重要途径，将教学和生活分割开来，无疑不利于学生社会化发展。因此，要重视教学和受教学生生活的有效联系，使学生能够在篮球运动的技能、知识方面学有所得，并同时能够在社会生活上获得一定发展，培养与社会生活相适应的多元人才。

最后，要将人文主义与科学主义有机融合起来，确保学生在习得篮球技战术的同时，有机会在全面性、多元化空间中得到发展，实现各方面能力的增强。保证科学主义意味着学生所学技能、知识的真理性，学习内容属于人类认知中基本确定的正确的部分；保证人文主义意味着重视学生的学习主体地位，确保学生全面健康发展，在知识技能、生活情感、人格审美、自我实现等诸多方面得到培养。

三、高校篮球教学目标的创新改革策略

高校篮球教学目标的创新改革策略，即以高校篮球教学目标创新的顺利实现为目的，在理论与实践上制订和实施的相关计划及系列行动。在反思旧有高校篮球教学目标弊端的前提下，应依照科学教育发展观指导，严格遵循上述目标创新原则，站在教学目标实践主体角度上，制订以学生为本的策略；站在教学目标构建与具体实施角度上，制订教师与学生的共同转变策略、突出整体性策略和强调过程性策略；站在教学目标内涵角度上，制订多元评价策略。

（一）以学生为本

坚持以学生为本的原则，即将高校篮球教学根本任务落在学生的全面发展上，以学生为本的策略在当前高校体育教育课程创新改革中处于核心地位。在教学过程中，以学生为本的策略要求必须重视学生在教学全过程中的主体作用，授课教师要始终坚持把满足学生学习需求与多元化人才培养需求当作一切教学活动的出发点，使课堂归属于学生。在教学

活动中，教师要开放思想，根据实际教学条件创设具有启发性的教学情境，引导学生积极融入教学情境中去，开展与教师及其他同学的交流协作，勇于质疑、探究教学内容、学习方法，由以往的被动接受真正转变为主动探索。高校篮球教学要实现创新改革，必须首先坚持"以学生发展为本"的基本理念，将学生包括创新精神、实践能力等在内的多方面综合素质的提高作为教学重任，牢记学生同样是高校篮球教学目标的实践主体，教学最终的目标需要落实到学生的全面发展上来。

坚持以学生为本的原则也就意味着必须在高校篮球教学活动中将学生主体地位充分体现出来。篮球教学中，学生对教学各个环节的广泛参与是实现其主体性地位的最主要方式。因此，在课程正式展开之前，教师必须精心设计各个教学活动、教学环节，根据学生实际发展情况科学制定教学方法、明确教学内容。作为一线篮球教师要着重注意以下方面：首先，必须严格在教学大纲的指导下，依照规定的教学要求及内容，寻找并明确与当前形势最适合的教学模式，站在受教者"学"的视角上审视并设计教学。其次，教师需要在篮球课堂上创建相对民主的氛围，为学生提供时间和空间上的相对自主性。高校篮球教学各个环节的设计，要始终坚持围绕学生的教学主体地位进行，通过提供时间、空间上的相对自由发展空间，刺激学生产生教学活动的参与积极性。高校篮球教学设计的创新改革，能够通过以学生为中心的教学活动的改革得到充分体现。相应的，教师的角色地位及其所起到的作用也需要伴随学生学习活动改变而相应调整。举例来说，教学课程正式开展前，篮球教师需要在准备活动中为学生做出正确示范，用适当引导确定学习方向，课程进行过程中要不停地巡视，观察学生各自学习情况，对出现的学习困难提供适当帮助，对出现的学习错误予以及时纠正；教学活动之后篮球教师要认真检查教学活动完成状况，站在整体角度总结教学过程中出现的主要问题，解答学生的学习疑惑，充分发挥教师在教学过程中的主导作用，突出学生在教学过程中的主体性作用。

坚持以学生为本的原则，最大程度推动学生充分发展，需要从主观层面出发，使学生产生主体情感，构建主体发展的学习氛围：首先，授课教师要重视学生情感，在具体的教学活动中，建造并灵活更换教学情境，创造轻松愉悦的教学氛围，为学生创造积极的学习情感体验。从教学实践角度上来讲，课堂中学生的情绪受教师主导，良好教学氛围的构建需要教师保持积极向上的教学心态，在此基础上为学生带来积极的情绪影响。其次，篮球教师应转变传统观念，改变传统教学中教师的权威、垄断印象，积极拉近与学生之间的距离，消除师生之间的陌生感，充分尊重学生，构建积极活跃、平等交流的学习氛围。与此同时，在教学过程中，教师要关注学生的进步，及时予以表扬，坚持引导和鼓励，让学生能够切身获得成功体验，从中产生更多学习的动力，同时也增强自主探索学习的自信心，在内在层面以主动、积极情感对教学活动产生认同感。

坚持以学生为本的原则，意味着在关注学生身心全面发展的同时，同样要重视学生的创新能力、创新精神等方面的提高。具体教学过程中，以具体的创新型目标为指引，篮球一线教师需要从学生课堂表现及变化出发，有目的性、针对性地进行灵活掌控，保证对学生的严格管理，同时适当创造自由空间，使学生有更多对高校篮球教学的自主探索机会，引导其养成自主发现问题、解决问题的良好学习习惯，适当鼓励学生创新思想方式、用独创性思想观点解决学习中的各种问题，为学生创新思想的培养及提高创建积极影响。以学生为本的策略在教学目标的创新中极为重要，只有在明确教学目标的内容、具体制定教学目标以及实施教学目标等方面，都坚持以学生为本的策略，才能最大限度地保证高校篮球教学创新改革的顺利实施，确保教师教学活动的实效性，推动教学目标顺利转化为学生学习目标，使学生真正认识到学习对自身发展的价值，将学习当作人生乐趣。

（二）教师与学生的共同转变

在体育教学改革进行过程中，对于篮球教学来说，无论是教师还是受教学生，都需要明确认识到自身在教学过程中的角色作用，顺应时代需要对旧有角色认知进行更新转变。篮球教师要从教学主导者、掌控者转变为教学引导者，丰富在传统教学中教授理论知识、技能的单一职能，成为学生学习过程的参与者及促进者；学生转变在传统教学过程中被动接受知识的地位，成为教学的主动参与者与学习的创新开拓者。高校篮球教学活动的每个环节要想更好地实现，都必须由教师与学生互动协作、共同参与、协同实现。高校篮球教学目标的创新改进，需要对传统意义上教学目标制定做出改变，不能由教师依照既定教学大纲单独决定，教学目标的制定同时也要适当增加开放性，引导学生参与其中，丰富、充实教学目标。事实表明，让学生参与到教学目标的确定过程中，能给予学生机会，根据自身发展需求适当调整教学内容，使学生在主观层面上的被重视感受有所增强，树立学生主人翁意识、学习主体意识。

（三）突出整体性

传统教学模式中，和众多其他学科教学相同，高校篮球教学也具有或多或少的应试性目的，尽管为适应时代发展，篮球教学提出了对学生在情感智商、技能及精神意志等方面培养的新目标，然而教学实践过程中却往往难以落实到位。在学习过程中，学生更习惯于将学习重点放在知识掌握和技能强化等与考试规定相关的内容上，换言之，当前学生的篮球学习大都将考试作为终极目标。所以，要实现篮球教学目标的创新发展，切实提高教学质量，就要打破传统教学的限制，使学生明确其发展所需，有能力在整体层面对学习目标有明确认识。通过这种方式，一方面让学生对即将接触到的学习内容预先把握、整体感知，有准备地接受教学，从实际教学内容中总结出与自己相适合的科学学习方法，掌握自主发现问题和解决问题的能力；另一方面，充分发挥教学目标的导向作用与激励作用，以学习目标的明确为基础，不断增强自身学习动力，学习目标的完成效果也就得到了相应提高。

整体上分析，不同层级的高校篮球教学目标需要采取不同方式呈现。总目标大都适合在开学之初课程正式开展前向学生展现，可由教务处或一线篮球授课教师将教学目标绘制成简洁、生动的表格、图示等直接呈现给受教学生，借由这一呈现，学生能够对篮球教学课程特点、框架以及整体结构做出全面化、系统性掌控，对篮球课程的学习内容以及培养的能力做出预判。单元目标适合在单元讲授前向学生展现，可由一线篮球教师将教学目标制作成目标图的形式呈现给学生，为学生预习提供指导借鉴。课时目标为高校篮球教学各个课时实施的具体目标，其呈现方式多种多样，教师可在课程正式开展前列出既定的具体目标，使学生能够站在更高一级对学习方向有更好的判断。此外，一线篮球教师也能够在教学结束、开展教学总结时，再次呈现教学目标，帮助学生更好地开展阶段学习后的总结工作。

（四）强调过程性

教学观念发生了变化，在最新教学观念的指导下教育实验研究广泛开展，在总结了实验研究成果的前提下，广大教师从不同层次、不同角度对篮球教学目标价值取向进行了积极有效的探索研究。对旧有突出篮球基本知识、基本技能的"双基"的价值取向进行了丰富和改变，在重视"双基"的基础之上，增加了对生活经验、创新思维能力、精神情感的关注，使高校篮球教学目标价值取向同样发生了多元化的转变。由以往单一强调知识、战术的灌输性教学到强调学生认知、情感等多方面共同发展，这种转变说明了当前我国篮球工作者们认识到了促进学生全面发展的重要意义。高校篮球教学价值取向的多元化进步，促使教与学活动向着多样和丰富性转变。在通常情况下，"双基"教学目标有具象化特点，能够被较为容易地测量，因同应试教育需求的契合性，而长期受到各学校、教育工作者们的高度重视。相对的，其他目标无法被清晰量化，其效果取得也并不明显，然而其对于个体发展不可或缺，随着教学过程的推动和教学情境的改变、教学内容的逐渐升华，除"双基"之外的其他目标在潜移默化中逐渐形成。推断可知，高校篮球教学中，既定的目标不能涵盖所有目标，而是在教学活动的发酵下逐渐超越其原有意义，伴随教学过程而不断生成和发展。

通过调查篮球教学发展现实状况可以发现，教学目标已超越了传统概念，开始发生了质的改变。当然，这改变具有顺应教学发展的合理性。篮球教学的不确定因素较多，其中，主观性最强、变化性最大的因素为作为教学主体的人（教师及学生），要保证学生发展得综合全面、健康长远。教师及学生需要按照教学环境、内容及形式等其他因素变化而相应做出调整，保证整个教学系统运行和谐，尽最大可能创造所有机会为学生提供更加健康的教育成长环境。

第三节 高校篮球教学目标的路径构建

要提高篮球教学的实效性，正确陈述教学目标是必要条件，以借鉴国内外教学目标分类研究价值为基础，学习、掌握高校篮球教学目标陈述基础要求是十分必要的。

一、确定教学目标

高校篮球教学目标是教育目标、目的的具象化确定，篮球授课教师要根据课程教学内容保证教学目标制定得科学合理，要考虑到学生身体素质发展状况，也要考虑学生情感认知发展状况。在教学实施过程中，要关注三种教学目标的产生与总结，有计划性、有针对性地将学生的注意力放在实现教学目标上，用实现学习目标激发学生参与学习的兴趣。此外，学习并掌握篮球技术战术，必然需要时间与精力进行积累，使技术动作从分化逐渐过渡发展到自动化，这就意味着学生从初次接受到深入掌握某技战术内容，可能要花费数节课的时间。如在理论知识的初步讲授阶段，陈述性或是程序性理论知识，教学重点都相同，即学生理解理论知识，相对应的，高校篮球教学目标同样是理解。在理论知识的巩固内化阶段则有所改变，这一阶段在陈述性理论知识讲授上，教学重点在长期保持理论知识上，而高校篮球教学目标为学生记忆运动理论知识。在程序性理论知识讲授上，教学重点在使学生内化理论知识上，而高校篮球教学目标则为学生熟练掌握各类技能。

二、教学目标的系统平衡

高校篮球教学目标是由包括动作目标、认知目标、情感目标等在内的各式目标集合而构成的系统，庞大且复杂，且此系统时刻处于动态变化过程中，每个目标彼此作用、相互影响、此消彼长，因此，需要对每节高校篮球教学的目标做出适时把握，保证不同目标相互之间有效促进，而非相互制约，确保目标系统的平衡。篮球教师在每节课程正式开始前，认真研究课时中最主要和基本的教学目标，从预期教学目标出发针对安排教学方法、选择教学内容，力争事半功倍。举例来说，篮球教学预期目标为：能够讲解篮球运动进攻中有关挡拆战术的基本要领与要求，并演示出来。预期目标中包含有诸多内容：掌握并能够演示挡拆战术、掌握并能够演示进攻基本要领、掌握并能够演示其中防守方基本要领等。要确保预期教学目标的整体实现以及各小目标的平衡，高校篮球教学过程中，授课教师需要从以下几方面出发做出最大程度的努力。

第一，从总教学目标出发，明确某个本节课的最基本、最主要的教学目标。确保学生通过本节课的学习，至少能获取"一得"，按照"一课一得，得得相连"的规律，在各个课程的点滴积累过程中，最终能够自主构建篮球学科的知识框架，形成知识体系。

第二，不能忽视教学目标的层次性。例如，就部分篮球运动规则的学习来看，概念是先决条件，教学目标的设置和完成不能主观跃进，需要坚持层层递进，逐渐实现。无论是加涅学习结果分类还是布鲁姆教育目标分类系统思想，都鲜明强调了这一点。

第三，平衡认知领域目标同情感动作技能领域目标。举例来说，在篮球运动裁判规则的课堂教学过程中，部分学生乐于充当裁判角色，因此对这一部分学习表现出浓厚兴趣，积极听讲，认真实践，在知识技能和实践能力上进步迅猛；部分学生只对篮球运动技能的学习感兴趣，并不喜欢裁判规则部分内容，若大学篮球教师在教学过程中，仅关注篮球技能上的教学，而忽视学生在篮球运动上的参与性，无疑，其教学效果必会大为失色。

第四，教学目标数量、水平必须符合学习规律。心理学领域中，在注意稳定性上的研究提出：过长时间保持对同一类事物的注意，易使人产生疲劳。且有关记忆的研究指出：对于难度较高的运动技能、知识材料，分散学习相对于集中学习来说得到的最终效果更好。

三、教学目标分类研究的教育价值

高校篮球教学的实践过程中，相当一部分人未能对教学目标做出正确陈述，具体表现在以下方面：

首先，一味追求"目标陈述"，对目标知识类型不甚了解。这一问题广泛出现在当前高校篮球教学实践中。很大一部分篮球教师仅做到了从篮球学科教学的角度出发，简单粗暴地提出教学目标。例如，教师在某节课（某单元）的学习过程中，提出了如下教学目标：使学生掌握篮球行进间急停跳投技巧，掌握急停跳投基本教学原则，能够在实践过程中熟练应用此技术。然而由于未能深究或很少意识到深入思考的必要性，教师对其所述目标知识应归属哪种类型并不明确，对要实现目标需要为学生创造何种教学环境并不清楚。

其次，自顾自话，仅从自身语言体系出发，按照教师个人习惯陈述篮球教学目标。例如，有的篮球教师提出了"会用、会学、会教"的"三会"课程教学目标，表述简单，在教学指导以及帮助教学实效性提高上的效用低微，往往目标制定者自己没能够依照目标指导开展教学，而是采取了简单应付的应对方式。

再次，陈述篮球课教学目标的方式过于抽象空洞、难以理解。例如，提出"养成团队协作能力""树立队友支持精神""能够分析球变幻莫测的复杂局势"等目标。

最后，用"教师通过何种行为，达到何种标准"的套词陈述目标，或粗暴搬用教学大纲或课程标准中提出的教学目的、任务作为篮球课教学目标的陈述，缺乏针对性、创造性和实用性。

以教学目标分类为对象的研究广泛开展，国内外众多教育专家学者在此研究上获得的丰硕成果使篮球课教学目标现状的改善有了坚实的理论基础，对一线授课教师来说，教学目标分类研究价值主要展现出以下方面。

（一）强调有效定性

教学目标分类理论的存在使授课教师具备了科学化确定教学目标的能力，通过学习借鉴，教师能够对教学目标进行更好的掌控。篮球课的教学目标对具体教学工作的开展产生了针对性的指导和推动作用，因此，编写篮球课教学目标是一线授课教师在教学设计环节中的常规工作，绝大部分篮球教师都在篮球课教学方案中制定了"单元教学目标""课时教学目标"等有关教学目标的内容。但也必须承认，大多数篮球教师对自己制定的教学目标的性质其实并不了解，教师大都将关注点落在教材中需要讲授的具体内容上。例如，部分篮球教师有这样的记录：在本次课程教学中，学生对篮球运动裁判法规则有了初步掌握，在执裁能力上有所提高。然而，从知识类型上看，裁判法规则属于何种性质、需要何种学习条件，大部分教师没有清晰认识，也并未进行深入研究。因此导致如下现实问题的出现：教学实践将教学活动等同于"教教材"，在规定教学时间内完成教材讲授视为完成教学任务，就认为教学目标也已经达成。有了教学目标理论做辅助，这种不利情形则能得到极大改善。在开展了科学分类的前提下，教师能够在知识内容、认知过程维度类目理论指导下加深理解各类目内容，顺利定位教学目标。

同样以"对篮球运动裁判法规则有了初步掌握，在执裁能力上有所提高"的教学目标举例说明问题加涅的学习结果分类理论认知学习结果分三种：言语信息、智力技能以及认知策略。在这之中，智力技能被分为辨别、概念、规则、高级规则等若干小类，根据复杂程度的不同描述了学习者心理发展由低到高的过程，掌握规则的学习者完全能够用相同类别的行为解决相同类别的问题。显而易见，"篮球运动裁判法"的学习是规则学习，成功的学习者能够沿相同步骤顺利实现性质相同、相似的裁判活动。以布鲁姆的认知目标二维新分理论为指导，也能够有效帮助加深对篮球教学目标的认识。"掌握"一词经常被一线篮球授课教师使用和提及，但这一词汇包含有多种不同理解方式，不同理解方式可能影响学习过程并最终产生不同学习结果，如应用、举例、记忆等。对高校篮球教学来说，对篮球运动裁判法有"掌握"、学生执裁能力有"提高"，意味着要求学生达到"执行""实施"的发展水平。借鉴认知目标二维新分类理论，"执行"与"实施"在认知过程维度框架中隶属于三级水平。在理论解释中，"程序性知识即怎样做事的相关知识，包括具体篮球技能及理论知识、使用程序性知识的恰当时机、篮球技术战术相关理论知识"。由此可以推断出，对篮球运动裁判法规则有了初步掌握，在执裁能力上有所提高应该归属程序性知识。可知，按照认知目标二维新分类框架的理解，上述教学目标涉及"程序性知识"与"应用"。

从上述分析可以发现，篮球教学目标属于程序性知识，学生需要通过"执行"规则来证明其已经实现了相应知识的掌握和内化。如安德森曾经提及的，如若对框架中各类目的具体含义有所掌握，清晰了解这些目标也就轻而易举，正如将动物归纳到种系框架中能帮助更好地了解动物一样，将教学目标归纳到框架之内能帮助我们更好、更深入地理解目标。

（二）注重有效适配

对教学目标的科学分类能够使一线教师明确知识类型，根据类型的不同选择更有利于增强学习实效性的教学与评估方式。在此处，适配代指目标、教学以及评估三元素对应一致。很多专家学者都对上述对应一致的思想有着精辟研究。举例来说，尽管学科有所区别，但其各自学习结果有着统一一致性，而就相同学科来看，也有着不同教学结果，因此资源有效配置具有必须性。首先，目标类型不同，在教学方法上的要求也有差别，即在学习活动、课程材料以及师生角色上都要有所区别。其次，尽管学科、课程有所区别，但目标类型相似也可能需要相同的教学方法。不同类型目标提出了差异化的评估方法，相似类型的目标则提出了相似的评估方法。

在此依旧将"对篮球运动裁判法规则有了初步掌握，在执裁能力上有所提高"教学目标当作范例来阐述目标、教学、评估三者的适配一致性问题。根据加涅学习结果分类理论来看，"对篮球运动裁判法规则有了初步掌握，在执裁能力上有所提高"的字面含义显示这一目标与篮球裁判规则的学习有关，然而目标的陈述并未就篮球授课教师需要提供何种技术、理论支持等问题做出明确阐述，"掌握、利用规则"要求教师在教学过程中按照以下方向开展努力：①必须使学生能对篮球裁判规则和其他体育项目裁判规则间的不同有明确掌握；②必须确保学生将篮球规则熟记熟背；③必须使学生掌握判别比赛各种情况的能力，掌握规则实施尺度。因此，篮球教师在教学过程中需要适当创造更多的实训机会，通过实践锻炼学生在知识掌握和运用上的能力，发现理论知识和实践的差距，弥补将理论知识转化为实践能力的不足。按照布鲁姆的认知目标二维新分类框架来分析"对篮球运动裁判法规则有了初步掌握，在执裁能力上有所提高"教学目标，可以发现这一目标是"程序性知识"与"应用"两部分的交集。从这一发现中可以推知，不论何种具体目标，都能够这样开展教学活动：①明确程序性知识相关基础概念；②明确具体技能及抽象知识；③学生创造执裁机会，使学生在处理比赛突发事件、应对赛场多变形势上的能力有切实提高，保证并提高教学效果。除此之外，可以将评估形式设置为课堂上的更多执裁机会，确保学生在裁判过程中能够得到科学、适时的指导与帮助。当前我国高校篮球教学实践过程中，很大一部分篮球教师更倾向于关注学生在篮球运动技能与战术方面的掌握上，大量训练、广种而薄收成为教学常态。究其根源，与篮球教师没能够准确定性教学目标有很大关系。在缺乏明确而具体的教学目标的前提下，教师要顺利开展教学、要明确教学重点，就必然需要求助于评估工具，这就必然会导致评估转变为教学目标，教师的教变为以评估为目的的教。

（三）提供共同标准

国内外教育专家在教学目标分类理论上取得了重要研究成果，其另外一层价值在于使教研活动具备了基本词汇与共同标准，推动了研究者们彼此交流的机会。教学实践过程中经常出现此类陈述："通过本节课学习，确保学生掌握……或理解……"，然而类似此类词汇主观性十分明显，不同教师思想意识中的"掌握""理解"标准很有可能大相径庭。可能有部分教师认为，有能力复述出教材中的相关概念即为理解；部分教师可能认为自己组织语言正确阐释相关概念才是理解；还有部分教师则可能认为只有能从正反两方面列举案例进行详细阐释才是真正的理解。显而易见，在个体认知发展过程中理解要远远超出回忆，要定义理解，就必须用被广泛一致认可的基本词汇作为共同标准。

（四）目标陈述两种技术

正如前文分析得知，目标陈述对高校篮球教学的有效性有着十分重要的影响，在篮球教学实践过程中，很大一部分篮球教师有困惑而较难解决的重要问题。在过去的教研活动中，心理学家们在目标分类理论的研究方面取得了显著成绩，同时针对实践层面也设计出了具体的方法，影响性最为广泛的是行为目标陈述法以及内外结合表述法。对比来看，前者的关注点在行为学习观，强调利用能够测量、观察的相关方法对教学目标进行阐述；后者的关注点在认知学习观上，强调学习过程中学生内在心理变化发展过程。

1. 行为目标陈述法

"行为目标即能够被可观察、可测量行为所陈述的目标"。1962年，在行为目标研究上取得了卓越成就的学者马杰提出，教学目标中有关行为目标的陈述需要涵盖以下要素：①阐述学生能力范围（例如"在篮球比赛执裁过程中应用篮球裁判规则"）；②阐述学生在任务完成过程中可以拥有的条件（例如"独立完成裁判工作"等）；③明确学生目标实现的评判标准（例如"执裁正确率超过90%"）

马杰提出的行为目标陈述法使传统教学方法中目标陈述过于模糊的弊端得到了有效改善。举例来说，过去篮球授课教师经常提及"在教学过程中提高学生执裁能力"，然而何种程度的表现能够被视为具备执裁能力，各人理解不尽相同。若将马杰行为目标陈述法引入目标陈述当中，则篮球课教学目标可被精确发展为："能够独立完成裁判工作，在篮球比赛执裁过程中应用篮球裁判规则，执裁正确率超过90%"。这样，具体、清晰的教学目标能帮助教师、学生对学习目标产生明确认知，知道自己所需要教授、需要学习的是什么，知道自己所需要重点学习、着重强调的是什么。

2. 内外结合表述法

行为目标使传统教学模式中陈述教学目标过于含糊的缺陷得到了有效改善，但从另一方面来看，其着重突出学习者行为结果，反而未能关注其内在心理过程的变化发展，用行为目标表述法有很大可能导致篮球授课教师将关注点局限在学生外在行为上未能重视内在层面、能力情感等的发展变化。因而会无法避免地使用到诸如"掌握""理解""体会"等有关内部心理的描述术语。甚至部分篮球教师承认，喜欢用如"掌握篮球技术运用方法、培养学生能力、体会团队协作情感"等语句。但是，客观评判，与内部心理相关的描述术语并不能够对教学目标做出相对准确的陈述。举例来说，当高校篮球教学目标为"学生能够理解'篮球文化'概念"的时候，不同教学活动参与个体就"理解"一词就有着程度不同的解读，很难有统一、确切的含义界定。能够借助教科书内相关定义解读"篮球文化"可以是"理解"；能够凭借自身经验和认知，使用个性化语言解读"篮球文化"可以是"理解"；能够用具体事例陈述或针对篮球文化建设提出科学建议同样也可以是"理解"。明显的上述多种不同程度、不同层次的"理解"其实是回忆、解释、举例与运用等不同认知水平的映射。以传统陈述方法以及行为目标陈述法的缺陷补充为出发点，1978年，在格朗伦《课堂教学目标的表述》中提出，可以采用内外结合方式开展对教学目标的陈述——用与内部心理过程相关的描述性术语陈述学习目标，来反映诸如理解、分析、欣赏、创造等内在层次的心理发展变化，然后用列举的方式进一步解释内在变化，通过举例使内在心理的发展变化能够被观察与测量。即结合内部过程与外显行为的教学目标表述方法。

(五) 目标陈述基本要求

1. 教学目标的陈述必须是受教学生最终学习结果

对这一要求进行的阐述主要可从以下三方面进行：首先，高校篮球教学活动中，教师与学生是行为主体；其次，教学目标映射内容，学生在经历篮球教学活动后，其认知与行为上的发展改变，而非学习内容；最后，高校篮球教学测验及评估不等于目标本身，仅是目标评估手段。总而言之，高校篮球教学目标描述对象是学习结果——预期中学生习得成果、预期中学生实现的发展和变化。

高校篮球教学实践过程中，经常出现结果、内容、手段三者相互混淆，主要表现为以下几点：

（1）将篮球教师在教学过程中的活动等同于教学目标使用。如"对学生开展篮球技术、战术实践训练""引导学生切身体会技战术实践过程中优秀运动员的感情思想"等，在教学实践当中，作为教学目标出现都十分常见。

（2）将"学生学习篮球技术动作"等同于教学目标。

（3）将高校篮球教学评估、测试的通过等同于教学目标，例如"使学生裁判能力达到国家二级篮球裁判员标准"。

种种错误产生的原因都在于将高校篮球教学活动等同于教学目标，将高校篮球教学的学习内容等同于学习结果。这种错误的认知给篮球教学带来了不良影响，误导授课教师，使其以为成功的教学即按照高校篮球教学大纲要求实施篮球课堂教学、将高校篮球教学大纲中规定的内容作为全部教学内容，认为只要学生能够通过国家二级篮球裁判员考试，能够取得相应等级证书，就说明篮球教学目标得以达成，然而事实与其相距甚远。事实上，高校篮球教学大纲中明确提出的"教学要求"是最基础要求，规定了篮球授课教师限定教学时间段中为完成目标所应做到的基本教学行为，其行为对象为授课教师而不是受教学生，涉及内容也不包括学生通过学习在认知、情感及行为等方面应实现的发展改变。这也就意味着，即使教师教学过程依照相关要求完成了教学行为，也并不能证明教学目标真正得以实现。学生在经历了学习之后，认知、情感、行为等方面是否得到了发展变化，是否能够在测量检验中被发现有显著增长，并非"教学要求"要回答的。教学目标陈述的并非也不能是教师教学行为，应该是在经历教学过程后，学生内在认知、外显行为等的全方位改变。

2. 目标陈述需要具体明确

对高校篮球教学目标的陈述必须最大程度避免使用含糊不清、脱离实际的词汇语句。诸如"培养学生创新思维能力""发展学生的一专多能素质""增强学生自信心""促使学生具备坚强意志品质"等教学目标陈述，都有着无法明确检测、难以把握、脱离实际的缺陷，不具备应有的教学指导作用。然而，从当前高校篮球教学普遍情况中可以发现，众多一线大学篮球教师在教学实践中，对于"了解""掌握""知道"等描述性语词依旧有很大依赖，习惯用这一类词汇对篮球教学目标进行陈述，甚至在部分公开发表的"范例性"教案中都出现过这一情况。

要保证高校篮球教学目标陈述的明确与具体性，最大限度地发挥教学目标在篮球教学活动中应有的导向、指引作用，心理学家提出建议，应采用陈述目标标准格式——学生将能够（或者学会）＋动词＋名词。其中，动词即认知过程，名词在一般情况下等同于知识（举例来说，学生能够比较急停跳投与原地投篮的相同点和差异性等）。高校篮球教学目标陈述中，动词能够被分作行为动词（详见表）与非行为动词。行为动词即描述的外显、可见性行为的动词（说出、列举、说明等）。也存在很多动词，其所描述的学习成果不可见，如理解、感知、明确、体会等。不同认知水平层次也有代表认知能力的动词（回忆、再认等）、反映理解能力的动词（解释、概括、比较说明等）。

3. 目标陈述需要以某分类框架做依据

为最大程度发挥篮球教学目标的导教、教学指引功能，众多心理学专家、学者在教育目标分类研究方面付出了巨大努力。一维教学目标分类、认知目标二维新分类等五种学习结果分类理论研究成果，在教学活动发展中做出了卓越贡献。同时，佛罗里达国际大学教授豪恩斯坦、课程与教学设计专家马扎诺都在教育目标分类的问题研究上，提出了创设性见解。前者就当前认知、情感、心理动作技能领域的区分进行了再思考，提出目标分类需要均衡协调、突出行为且保持整体的统一，强调学习过程中每个学习者作为单独个体的整体性；后者对"一维"（认知、情感、运动技能）、"二维"（知识和加工水平）以及三系统（自我、认知以及元认知系统）做出了详细说明，解释了其各自的作用原理，强调了自我与元认知系统对认知系统具备的影响力。比较看来，豪恩斯坦认同教育目标能够被划分作认知、情感与心理动作技能领域，但同时，更强调学习完整性行为，认为通过学习获得的成果必须是认知和情感以及心理动作技能的融合产物。显而易见，最近时间段内，就教学目标、学习结果的分类研究，各专家、学者并未提出明显分歧，且有关三大领域（认知、情感/态度、心理动作技能）的区分的观点理念有着高度一致性。出于这种原因，我们必须按照教学目标/学习结果分类的某框架做依据，对篮球教学目标进行陈述，切忌随心所欲，在篮球教学目标陈述的问题上主观臆断。

第四章　篮球运动的教学原则与方法

具体的教学活动都是在预期目标的指向下进行的，因此，为了实现预期的教学目标，篮球运动教学需要遵循一定的原则，并且针对不同的教学内容采取相应的教学方法。

第一节　教学原则在篮球运动教学中的运用

一、篮球运动课堂教学原则

为了保证教学的合理和有效，教学的实施要遵循一定的原则。这些原则是对教学规律的高度总结和概括，是一代又一代人经过长期的教学实践总结出来的经验。在篮球运动教学过程中既要遵循一般的教学原则，又要遵循篮球运动教学特有的专项教学原则。

（一）一般性原则

1．自觉性原则

在课堂教学中，要让学生学会自觉地学习，主要可以从以下两个方面考虑：

（1）学生是学习的主体，所以他们要首先认识到学习的重要性，这是促进他们学习的一个动力。另外，"兴趣是最好的老师"，它是形成学习动机的重要因素之一，如果学生对篮球学习具有浓厚的兴趣，那么他们的学习将会取得更好的效果。

（2）教学过程中占有重要地位的教师应起到一定的作用。在具体的教学过程中，教师应该做到以下几点：

①每个学生的水平虽然有所差异，但是每个人的机会都是平等的，在教学过程中，教师应该做到对每个学生都一视同仁，将培养好每一个学生作为教学目标。另外，学生在学习过程中一定会有很多不完善的地方，这时候教师要有耐心地加以指导，既不能让学生产生懈怠心理，也要多进行鼓励和表扬，让学生充满向上的积极性，从而更好地发挥自己的学习潜力。

②培养学生对篮球的兴趣，将短期的兴趣转化为长期的兴趣。对于喜爱篮球运动的人来说，篮球是一项充满激情、活力和拼搏的运动。而且篮球运动对于促进人们的身心健康也有很好的作用，因此，教师在教学过程中，首先要让学生明白这一点，培养和提高学生对篮球的兴趣及学习的积极性。为了达到这一目的，教师可以采取丰富多样的教学方法，将理论与实践相结合，切实提高学生的运动水平。

③教师要时常启发和引导学生积极主动地学习，进而让学生充分调动其自身的主观能动性，让他们在积极思考、勇于探索、刻苦练习中更快、更好地掌握篮球运动的理论、技战术，提高他们观察、分析和解决问题的能力。

④为了更好地启发学生进行积极的思维，教师可以采取多种教学方法，如设疑、联想、比较、形象等。

⑤教师应注意建立民主平等的师生关系，创造一个生动、和谐的教学环境。

2. 直观性原则

直观性，是指通过人体的听觉、视觉和肌肉本体感觉等可以直接感受到的特性。教师在教学过程中，可以利用这一原则，让学生充分调动自己的感官，体验每一项篮球技战术，进而积极调动自己的思维，有效地掌握篮球技战术。

篮球运动教学中经常使用的直观教学方式有动作示范、沙盘演示、视频、技战术图片等。在篮球运动教学中贯彻直观性原则要做到以下几点：

（1）要有明确的目的和要求。明确的目的性是教学过程中直观性原则的最基本要求。所有教学方法和手段及开展的教学活动都要有明确的目标，进而根据学生的具体情况使其完成相应的要求。

（2）启发学生的思维。直观性教学最大的特点是可以给予学生最直接、最正确的表象，但是要让他们真正掌握技战术的理论和实践运用，还需要他们积极调动自己的思维能力。只有将真实的表象和积极的思维相结合，用实践来不断检验和完善，才能让教学效果更显著。

（3）充分调动学生的感官。对篮球运动技战术的表象进行感知需要调动学生的感官，包括视觉、听觉和肌肉本体感觉等。只有这样，他们才能对教学中的动作示范、视频、图片等产生真正的感受，进而让技战术的表象明晰地映入他们的脑海。而学生在对篮球运动技战术感兴趣的同时，其积极性也会大大提高。

3. 渐进性原则

任何人的认知都不可能一步到位，都需要遵循一定的规律性，这是一个由简单到复杂、由低级到高级的过程。因此，在体育教学过程中，教师应充分理解和把握这一规律，使学生循序渐进地掌握相应的动作技术和方法。

篮球知识技能的学习是一个渐进的过程，技术技能的掌握要由浅入深地进行。篮球教学中贯彻渐进性原则，要注意以下几个方面：

（1）要注意教学内容的系统性。篮球运动教学需要经历几个学期和学段，每个学期和学段的内容也都有所区别，所以，这是一个系统的过程。在这个过程中，学生会逐渐建立起完善的知识和技能体系。这就需要教师在教学过程中，把握篮球运动教学的规律，明晰教学大纲的要求，进而将两者相结合，系统、综合地规划教学进度和内容，在保证教学进度更加合理的基础上,逐渐增加运动量和负荷强度。

(2) 要注意教学方法的系统性。在教学过程中,学生真正掌握动作技能一般需要经历三个阶段:首先是泛化阶段,也就是让学生产生一定的认知定向;其次是分化阶段,让学生在巩固的过程中得到提高;最后是自动化阶段,也就意味着学生已经进入熟练阶段。每个阶段都是层层递进的,所采用的教学方法也是有所区别的。因此,教学中必须注意教学的阶段性特点,在不同的阶段采取不同的教学方法。

(3) 要注意合理安排运动负荷。很多人对运动疲劳的认识不够全面,认为只要是疲劳,就是不好的,其实并非这样。在正确的运动教学和训练中,适度的疲劳能够起到积极的作用,因为它可以促进超量恢复的形成。超量恢复是提高健康水平、身体素质水平及技术水平的重要途径。但是,任何事情都要有一定的限度,疲劳过度并不是好事,它对促进健康、提高身体素质和技术水平是没有好处的。在篮球运动课堂教学中,教师要根据每个学生不同的身体素质,安排相应的运动负荷,让课堂教学趋于合理,如此才能真正达到教学目的,实现更好的教学效果。运动负荷的适量性原则,从宏观上看,也有一个有序性问题,即由小到大、大中小结合。运动过程中必然会出现疲劳现象。因此,教学过程中教师应根据场地、气候、教学内容和学生的身体状况等综合因素来合理安排运动负荷。

(二) 专项性原则

以上对篮球运动课堂教学的一般性原则进行了详细论述,接下来,依据篮球运动技能的开放性和对抗性理论,深入研究篮球运动的特点和篮球运动教学的实践经验,从认知策略的角度提出以下特有的教学原则,也就是专项性原则。

1. 技术个体化和区别对待

在进行篮球运动教学的时候,大家普遍比较关注技术动作的规范性,也都希望自己的动作能够更加规范。学生首先应该知道什么是规范,进而才能知道怎样做才是规范的。所谓规范,是指动作的基本结构符合人体运动学特征,达到节省和实效的目的。但是,每个人的身体形态、身体素质、行为习惯和经历等各个方面都存在一定差异,因此,并不是每个人在规范化的技术上的表现都是一样的。只要不违背教学目的,这种差异是允许存在的。但是个性化的表现也是有限度的,它们应该建立在规范的篮球运动教学的基础之上,而且整体的规则和理念及战术的思想方面不能有太大差别。在这样的条件下,学生在篮球技术上存在的细微差别不会对教学效果产生太大的影响,也是可以容忍的。因为学生之间存在差异,在篮球运动教学中,教学方法的制定要根据对象的不同而有所差异,学会因材施教,对于不同能力的学生及学习速度不同的学生区别对待。

2. 实效性

实效性,是指篮球运动教学要充分注重实际效果,因此,教学应该从实际出发,做到以下几点:

（1）根据学生的实际情况，紧紧抓住篮球运动教学中的主要矛盾和矛盾的主要方面，解决篮球运动教学中的重点和难点问题。

（2）为了让篮球运动教学取得更加显著的效果，篮球运动教学应该做到简单易行。在有限的教学时间内，达到既能使学生掌握知识技能，又能增强体质和提高能力的效果，这是在篮球运动教学中贯彻实效性原则的意义。

（3）教师要深入研究篮球运动教材和教法，不断改进教学方法和手段，充分利用现代化的篮球运动教学手段。

（4）在篮球运动的技战术教学中，要精讲多练。精讲是在深入分析篮球运动教材和学生实际的基础上实现的；多练是指设计符合篮球运动特点和学生实际水平的练习方法，给学生更多实践的机会。

3. 专门性知觉优先发展

篮球运动注重对篮球的专门性知觉的发展，也就是"球性"。通过大量的触球、拍球和控制球，从而使手指、手腕适应和熟悉球的感觉，在运动中能够更好地控制篮球，促进其技术水平得到提高。

在教学过程中应注重"球性"的发展，专门性知觉优先发展是篮球运动特有的教学原则。

4. 学习技术动作与实战对抗运用相结合

进攻和防守是篮球运动的主线，贯穿于整个篮球运动的过程中，而整个过程的核心是攻守对抗和攻守转化。在篮球运动过程中，运动员双方是对抗关系，这也充分体现了篮球技术的对抗性和开放性，因此，在教学过程中，实战对抗能力是非常重要的教学内容。篮球运动的攻守对抗规律决定了篮球运动教学中需要贯彻对抗性原则。

在教学中贯彻对抗性原则是很重要的，因为正是攻守的直接对抗，才演化出一幅幅惊心动魄的竞争场面，推动篮球运动向着快速、激烈的方向发展。没有攻守的直接对抗和相互制约，就没有篮球运动。

正因为攻守的直接对抗在篮球运动中占据着重要的地位，所以教师在制订篮球运动教学的进度和课时计划的时候，一定要将篮球运动的进攻和防守之间的关系作为重点部分，进行恰当的处理。另外，在设计篮球运动的教学方法的时候，也要注意教学活动所要达到的目标不仅是要掌握某一种技术，还要将所学到的技战术运用于实践，所以，教学的过程中也要注意学生对所学知识的综合运用能力。为了充分锻炼学生的进攻和防守能力，可以让他们做防守，然后用进攻来检验，锻炼他们的防守强度；或者用防守来限制他们的进攻，让他们在实践对抗中认识到自己的不足，进而加强锻炼，得到提高。

真正实用的技术是在攻守对抗中掌握的技术。有意识地提高攻守对抗强度，是提高篮球运动教学质量的重要方面。目前，要注意克服重攻轻守的倾向，使攻守相对平衡，从整体上提高篮球运动的水平。

5. 多样性与综合性

篮球运动是一项内容丰富的活动,在活动过程中,它具有技能的综合性、战术的应变性、项目的集体性、比赛的对抗性等特点。篮球运动教学的理论与实践息息相关、不可分割,篮球运动的竞争性、趣味性特征决定了教学一定要遵守多样性与综合性原则,具体表现为以下几个方面:

(1) 单个技术动作、组合技术和综合技术练习的结合运用。单个技术动作是最基础的动作,是组成组合技术和综合技术的元素,所以动作规范是最主要的要求;组合技术和综合技术练习是将多种单个技术结合在一起,内容会相对复杂,运用起来的难度也较大,但是可以有效地提高运动员的技战术运用能力。篮球运动具有综合性的特点,在一定程度上也体现在它的衔接技术和组合上。因此,在进行篮球运动教学的时候,教师不仅要监督学生奠定良好的技术基础,对于技战术的综合运用技能也要注意培养。

(2) 在篮球运动教学中,要使技战术和意识培养相结合,使身体锻炼和作风培养相结合。篮球是一项对体力和智力都有要求的运动项目,比赛激烈,要求全面地提高竞技水平和生理、心理等方面的适应能力,这对于大学生篮球运动员的教学与训练奠定全面发展的基础尤为重要。

(3) 教学方法和组织形式的多样化。针对传球的教学来说,可以采用不同的教学形式,并且有针对性地采取不同的方法。例如,传球可以分为原地传球、移动传球、行进间传球、配合传球等多种形式。根据教材的内容和学生的实际条件或教学条件,可以分别采用不同的教学方法和组织形式,在丰富教学活动形式的同时,也能够使学生掌握更多的锻炼方法,对于促进学生的身心健康也具有重要的意义。

二、篮球运动训练教学原则

篮球运动训练教学原则是根据篮球运动活动的客观规律确定的训练组织必须遵循的基本准则,这对运动训练实践具有普遍的指导意义。篮球训练教学原则有多种,如直观性原则、自觉积极性原则、辩证性原则、持续性原则、循序渐进原则、训练与比赛相结合原则及身体训练的保护与恢复原则等,以下主要介绍其中的几种。

(一) 直观性原则

在直观性教学中,需要运用很多直观性的手段,充分调动学生的感官知觉,进而促进他们的思维活跃。在训练教学中也一样,直观的教学手段更能触动学生的感觉器官,让他们在切身体验中对物体表象有清楚的认识,进而运用自己的思维,对其建立正确的感知。这种在实践过程中的教学更有利于启发运动员的积极思维,促进他们在实践过程中提高其竞技水平。

在篮球运动训练的各个练习过程中,运动员必须运用自己的各种感觉器官去体会和深化动作。视觉、听觉、触觉等多种感觉器官所得到的形象化认识,能有效帮助运动员进行正确的思维和掌握运动技能。在篮球运动训练过程中,遵循直观性原则要注意以下两个方面。

1. 重视训练初期的示范教学

示范可以分为正确动作示范和错误动作示范,示范动作可以从正反两个方面帮助学生对篮球运动产生正确的认识。另外,为了让进行初期训练的学生打下坚实的基础,在进行示范教学的时候,教师可以采用分解示范的方法,让学生更清楚、更有效地掌握技术细节。对于难度较大的技术动作,可加强触觉和本体感觉,建立正确的动作表象。这一过程对帮助学生奠定良好的基础、加快后续的学习速度、提高学习效率都有很重要的作用。

2. 利用现代化教学设备进行训练

各种各样的现代化教学设备为教育教学提供了很大的便利。对于篮球运动教学来说,教师也可以运用多种现代化的直观教学方式,更便利、更高效地提高学生的学习成绩。常见的教学方式有挂图、现代影像技术等。借助现代教学设备,学生不仅可以亲身参与实践,还可以通过影像看到很多高水平运动员的技术动作,在开拓他们的视野的同时,还能调动他们的积极性,使其感知动作技术的完整性与规范性,帮助学生更好地理解篮球运动,并形成更规范的动作。

(二)自觉积极性原则

篮球运动训练仅凭课堂上的学习是远远不够的,所以教师可以定期对运动员进行启发教育,促使运动员对篮球运动训练形成深刻的认识,并引导其积极思考,自觉、积极地参与到运动中,创造性地完成训练。

明确的目标是激发运动员积极、自觉地参与到运动中的一个有效因素,有目的才有动机,训练动机对自觉积极性具有非常大的决定作用。遵循自觉积极性原则需要做到以下几个方面。

1. 满足运动员的合理需要

根据运动员的思想、习惯等对其衣食住行进行安排,满足其最基本的生活保障,并为之创造良好的人际关系环境,使其在安全上得到必要的保障,让运动员通过积极的训练和比赛产生更高层次的运动需求动机。

2. 加强运动员的目的性和价值观教育

篮球运动训练是一种有目的、有意识的活动,其过程始终受到一定目的的引导。篮球运动训练对完善人类自身的健康和开发人类的身体潜能都有重要作用,坚持参加篮球运动训练不仅可以提高每个运动员自身的身体素质,而且对促进整个人类的总体开发也有很大帮助。

进行各种手段的篮球运动训练，对篮球运动员进行目的性教育，可以使其建立起初步的运动动机。然后篮球运动员从个人、家庭、集体、民族、国家的重要性及其巨大的社会价值中获得鼓励和激励，从而树立为之奋斗、拼搏的志向。

3. 发挥运动员训练中的主体作用

学生是学习的主体，因此，在篮球运动训练中，应该充分发挥运动者的主体作用。首先，让运动员对训练的内容、任务、目的、计划等有一定的认识与了解；其次，让运动员参与到运动计划的制订和完成情况总结中，真正实现他们的主动训练；最后，教师应该认识到，每一个运动员都是一个独立的个体，所以在教学过程中，要十分注意学生的独立性的培养，让他们养成独立思考和实践的习惯，这样才能更好地锻炼他们适应社会复杂环境的能力。

4. 根据不同的年龄阶段安排相应的训练内容

不同年龄阶段的人具有不同的心理特征，在进行篮球运动训练教学的时候，要抓住不同年龄阶段人的个性心理特征，激发篮球运动员进行运动训练或比赛的兴趣。例如，对儿童、少年通常利用游戏的形式进行训练，可以以愉悦的形式使他们从训练和比赛中得到心理满足，逐步树立运动信心。

（三）辩证性原则

辩证性原则通常用于不同的问题和规律。通常来说，辩证性原则包括相对应的两方，这种训练原则在篮球运动训练中经常出现。篮球运动训练中主要遵循的辩证性原则如下。

1. 一般训练与专项训练相结合

一般训练是基础，专项训练具有针对性，将两者结合起来，可以让篮球运动的特点、对象的水平和训练的不同时期、不同阶段的任务更加明确，更加完善运动员对篮球运动的认识，进而不断提高他们的篮球水平。

为了促进运动员的全面协调发展，在篮球运动训练中，教师可以采取多种训练手段和方法对运动员进行全面训练。另外，在训练的过程中还应加强运动员对非专项理论知识的了解，以更好地提高其训练水平。

运动员的身体素质与其技术动作之间相互影响、相互制约，具体表现为良好的身体素质为技术训练提供保障，技术训练需要良好的身体素质作为支撑。只有经历过扎实的一般训练，篮球运动的专项训练才能取得理想的效果。

2. 统一安排与区别对待相结合

统一安排是指针对全体队员而言的一种教学方法，所有运动员都要遵循同一个时间、方法、步骤进行训练，从而实现共同提高。而区别对待则与之相反，它是针对个人的训练方法，因为每个人的身体素质、学习经历、运动程度等不同，在制定学习内容、步骤、方法的时候要做到因材施教，有针对性地进行教学。

很多时候，为了取得更好的训练效果，统一安排与区别对待原则会结合起来使用，这时，教师要注意训练期、本队的训练水平、个人的技术、身体素质情况等方面的不同，对这两种原则灵活使用。

3．个人训练与全队训练相结合

个人训练是指在篮球运动训练过程中进行个人的技术训练。全队训练是指在篮球训练过程中，根据全队必须掌握的合作技战术，组织全队进行旨在提高队员之间技战术组合和在对抗下配合能力的集体练习与竞赛。

每个人都是一个独立的个体，身体素质、心理素质等都存在一定的差异，所以每个人在同样的条件下，技术水平和心理品质也有一定的差异。因此，在进行训练的时候，教师应该针对每个学生不同的特点，为他们分配不同的任务。除此之外，还要根据不同的要求，选用不同的方法和手段进行运动负荷的安排。在这种具有针对性的训练下，学生的个性特征能够得到最大限度的发挥，激发他们的无限潜能。

4．全面发展与特长技术相结合

通过对现代篮球运动的发展状况进行观察和分析，不难发现，篮球运动员要想取得优秀的成绩，需要满足两个基本的，也是非常重要的要求。首先，全面、熟练地掌握篮球运动技术是成为一个优秀篮球运动员应该具备的基本素质。为了达到这一要求，篮球运动员需要完善自己的技术，做到零漏洞，至少达到没有明显漏洞的水平。不仅如此，篮球运动员要将自己掌握的技术灵活地运用于实际情况中。其次，运动员所要掌握的技术并不是一成不变的，随着形势的改变，技术方面的要求也会发生相应的变化，所以运动员一定要具有自己的特长和技术，充分体现自己的特色。一个运动员的特长和技术不仅能让其自身更加出众，也能帮助他在与水平相当的运动员进行比赛时更加巧妙地克敌制胜。只有将这两者紧密地结合起来，运动员才能取得更好的成绩。

（四）持续性原则

任何运动都需要持之以恒，因为通过运动，人体的肌肉活动会反复强化，系统机能不断得到改善，在长期的运动后，人的运动技术就会得到显著提高。但是，如果不能坚持下去，那么之前锻炼所取得的效果也会逐渐消退。篮球运动也是如此，一旦停止训练，技术就会后退，所以要想进步，保持运动效果并不断提高技术水平，必须遵循持续性原则，具体表现为以下三个方面。

1．不断增加训练内容和训练负荷

训练要进步，就需要增加负荷，但是在这个过程中，一定要循序渐进。也就是说，负荷的增加不是一蹴而就的，要注意顺序和幅度。所以，在增加训练内容和负荷的时候，要注意层层递进，由低到高、由易到难、由简到繁。在这个基础上，训练要取得良好的效果，还要注意训练方法和手段的选用，只有内容和方法有效结合，才能更好地锻炼学生的篮球技战术，同时提高他们的身体素质。另外，运动员自身的实际水平也是影响训练负荷的一个重要因素，特别是在战术配合的练习中，为了保证整个队伍能配合良好，获得更好的成绩，教练员必须切实了解每个运动员的实际水平，合理安排训练内容与负荷。

2. 合理控制间歇时间

运动员技战术的掌握，实质上是条件反射、动力定型的形成，间歇时间过短可能导致机体的过度疲劳而造成机体损伤；如果间歇时间过长，已建立的暂时性神经联系就会逐渐减弱甚至中断，条件反射消退，已掌握的技战术就会生疏，即使是原来已达到自动化程度的技战术也会变得不熟练，以至产生各种错误，同时，必然会导致机体机能的消退。

3. 巩固和提高机能适应性

运动员的机体会随着训练不断发生变化，既包括生理、形态方面的变化，也包括心理、生理技能方面的适应性变化。锻炼不仅能改变一个人的形态，而且对于其生理和心理方面都有很大的影响。运动员通过坚持不懈的锻炼，可以让自己的适应性发生很大变化，能够更加适应篮球运动的过程。但是这种影响是循序渐进的，只有长期坚持才有效果，这也是一个不断积累的过程，所以运动员需要进行持续不断的训练，促使身体的机能状态和适应性向良好的方向发展，从而使自己的身体素质从根本上得到提高。

（五）循序渐进原则

循序渐进原则，是指在进行篮球运动训练时，在逐步增加内容、增强负荷的基础上，要遵循事物形成的自然规律，即从小到大、由简到繁、由易到难等逐步进行。急于求成不仅对取得良好成绩无益，还可能会造成伤害事故，损害运动员的身体健康。因此在篮球运动训练中，严格按照循序渐进原则进行训练时应注意以下几个方面。

1. 系统性训练

循序渐进性原则的贯彻要求篮球运动训练必须系统化，对训练的难易程度及攻守技战术练习体系进行系统安排，这样才能在加快训练进度的同时更好地实施训练计划，从而让篮球运动训练更有规律性。在此基础上再训练篮球运动的基本技术。只有全面地掌握了基本技术，才能进行战术基础配合和全队战术的训练。

2. 阶段性训练

篮球运动训练要遵循循序渐进原则就要根据动作技能形成的规律和训练的不同阶段特点来组织训练。训练过程可以分为以下三个阶段：

（1）形成阶段。运动员进行训练可引起机体的适应性变化，机体能力、身体素质、心理品质和专项技战术不断得到提高，从而形成统一的、具有专项化特征的竞技状态。

（2）保持阶段。在这一阶段，运动员能充分发挥自己的运动潜力，创造优异的成绩。

（3）消失阶段。运动员长时间的运动训练容易造成疲劳的积累，使得身体各方面机能都处于衰退趋势，因此运动员需要缓解疲劳和恢复。运动员要经过不断地调整、恢复和训练,才能进入新的训练周期。

第二节 篮球运动教学的步骤与方法

一、篮球运动技术教学的步骤与方法

篮球运动技术教学会随着学生的水平进行相应的调整,初学者和拥有牢固基础的学生会有不同的练习内容和方法。本节主要介绍通常情况下篮球运动技术教学的步骤与方法。

(一)建立正确的技术动作概念

1. 讲解

教练员在给运动员讲解技术动作的时候,应注意以下几个方面:

(1)讲解要尽量做到简要、生动、形象化。

(2)在讲解内容的时候,不仅要做到通俗易懂,更要全面,一般涉及的内容有动作的名称、概念、作用、技术结构、要领、关键等。

(3)为了让讲解的效率更高,教学内容应该有主次之分,对于重点内容要突出讲解,同时要注意创新。例如,用更加形象生动的语言,可以激发学生的学习兴趣,同时有利于开发他们的思维。

2. 示范

有些内容只停留在书面或口头讲解上会难以理解,这时候就需要教师进行一定的示范。示范可以算作一种实践,立足于理论上的实践更容易在学生的头脑中留下深刻印象,从而建立起一种正确的技术动作表象。实际上,大多数情况下,教师在讲解的过程中会进行示范,以便让学生更好地理解和记忆。当然,也可以在讲解完之后进行示范,或者先讲解再示范。具体采用哪种方式来进行教学,需要根据教学的内容及教学对象的实际情况决定。

(二)形成正确的技术动力定型

1. 在简单条件下练习技术动作

简单的技术动作一般比较容易掌握,但是遇到较难的技术动作,就可以采用分解法进行练习,这样可以适当降低难度。这种方法就是通过将复杂的练习条件进行分解,营造简单的练习条件,这将会大大提高训练成效。

2. 掌握组合技术,巩固技术动作

篮球运动是一项综合性运动,是由多种动作一个接一个连贯而成的,每个动作都是紧密相连的。因此,在进行技术练习的时候,可以将多个动作适当地进行组合,这样不仅有利于巩固技术动作,还可以加快运动速度。但是在组合的时候,各个动作之间的衔接要协

调且合理,这样才能保证动作的科学性。

3. 掌握假动作,提高应变能力

很多时候,运动员会借助假动作迷惑对方,然后完成一系列动作。因此,假动作也是篮球运动教学中的一个重要内容。在学生完成组合技术的基础上,教师还可以结合假动作的教学方式,让学生做出假投篮、假跨步、假突破的动作,在做假动作的时候一定要把动作做得相对逼真、灵活一些,进而不断提高自己的应变能力。

(三)在攻守对抗的条件下提高运用技术的能力

1. 在规定的攻守条件下进行练习

为了给练习设置一定的条件,在练习的时候可以预先规定进攻方和防守方的动作或者战术,这种特定的训练环境可以有效地提高学生的训练技巧,并且激发学生的专长。学生可以更快速地掌握技术的实际运用,从而促进自身运动能力的提高。

2. 在消极对抗条件下进行练习

在消极对抗条件下进行练习的主要目的是帮助学生更快地掌握进攻和防守的技术,把握好时机,进而提高技术运用的能力。在练习的时候,可以根据练习的重点,对于进攻和防守的两端提出相应的要求,在练习进攻技术的时候,防守一端要适当地降低防守的质量;在练习防守技术的时候,进攻端也可以适当地降低进攻的强度。

3. 在积极对抗条件下进行练习

在经历了一段时间的训练后,学生逐渐开始了解并掌握一部分进攻和防守端的战术,这时教师可以将练习的难度逐步加大,在身体积极对抗方面也要加大强度,进而提高攻守两端的难度,增加运动的负荷,让学生在接近比赛或者正式比赛的场合中最大限度地适应比赛的强度和节奏。

二、篮球运动战术教学的步骤与方法

进行篮球运动战术教学,是为了让学生的学习不是停留在理论之中,而是能够充分掌握篮球运动战术,并且将其真正运用于比赛中。由于篮球运动战术的基础是篮球技术,所以,教师在进行篮球运动战术教学的时候应该适当地增加一些篮球运动技术的教学,两者相互结合、相互融洽。

在进行丰富的篮球运动战术教学过程中,教师一般会用到以下两项教学步骤与方法。

(一)建立战术概念,掌握战术方法

1. 建立完整的战术概念

完整的战术是需要全体成员一起努力的,所以,在进行教学之前,教师首先必须对具体战术的内涵及其运用有清晰的了解,这样才可以让学生对该战术的概念有一个初步的了解。有了初步的了解之后,教师可以进行详细的讲解和演示,用理论结合实际的方法,让学生对该战术的组织形式和战术方法有更加深刻的认识。

2. 掌握局部战术配合方法

全队战术是由各个局部战术组成的，所以对各个局部战术的掌握将会在很大程度上影响全队战术的发挥。局部战术掌握得好，可以为全队战术的良好发挥奠定坚实的基础，所以在进行局部战术教学的时候，教师要总结学生学习的一般规律，将全队的战术进行分解，让各个队员都能够分担局部战术，进而逐步增加难度，并进行重点内容的讲解，使所有成员都能够掌握核心内容，同时取得进步。

3. 掌握全队战术方法

全队战术是由多个局部战术共同组成的，所以这一方法的实现要建立在局部战术配合的基础之上。在利用这一方法进行训练教学时，要以全队战术的要求为目标，逐步摆脱消极的攻守对抗，反被动为主动，这样更有利于学生熟练掌握全队战术的配合方法。

（二）提高战术运用和应变能力

除了理论上对战术概念和战术方法进行掌握，战术的实际运用能力和应变能力必须在实践中多加锻炼才能得到有效提高，而它将在很大程度上影响学生的学习成果。为了有效地锻炼学生的战术运用和应变能力，在教学过程中，教师应该尽可能多地为学生提供实践的机会。例如，在教学过程中举办一些比赛，或者鼓励学生多参加课外比赛等，内外结合，让他们更好地掌握所学到的战术。教师在这个过程中的指导作用是不可忽视的，在赛前，教师要制定目标，让学生明白比赛应该达到的要求；在赛后，要及时帮助学生进行总结，指出其在比赛中的优势和劣势，切实提高学生的战术水平和增强其战术意识。

第三节　篮球运动教学文件的制订

教学文件，是指教学工作中的各种计划，主要包括三个方面的内容，分别是教学大纲、教学进度和教案设计（课时计划）。教学文件的形成凝聚了很多教师长期的教学经验，在不断补充和完善的过程中，又可以为教师的教学工作提供重要的参考。

一、教学大纲

教学大纲在教师的教学过程中起着重要的指导性作用，它涵盖了教学过程的方方面面，不仅包括教学任务这个核心内容，甚至教学时数、课程的考核方法、基本标准等也包含在内，全方位地指导着教学过程的进行。以下围绕教学大纲，对其内容、制订要求进行详细论述。

（一）教学大纲的内容

1. 说明

说明主要阐述教学大纲制订的依据、主要原则和课程的性质，提出完成教学大纲所要采取的措施等。

2. 教学目的和要求

教学目的和要求的设定是教学实施的前提，只有具备明确的目标，才能有针对性地实施课程教学，进而让教学取得有效的成果。所以，一般来说，篮球运动的教学目的和要求不仅包括篮球的基本理论知识、技战术和基本技能的培养，也包括对学生思想道德的培养。学生不仅要参加篮球运动，还要具备组织管理和实际操作的能力。

3. 考核内容和方法

课程考核有多种方法与标准，具体采用哪种，需要视篮球教学的目的而定。总的来说，考核的内容主要分为三部分，分别是理论知识、技战术和技能，针对每部分内容，所要采用的考核形式是不一样的。理论知识一般以书面考核形式呈现，也就是笔试；技战术一般会通过技评和达标的形式来进行考核；技能一般通过实践的方式进行考核，形式多样，如实习、实际操演、作业评检等。

4. 成绩评定

成绩评定是一个综合性的阶段，不仅要对学生的学习情况，如基本理论知识、技术与技能等进行评定，也要注意考核学生的思想品德和学习态度。

5. 教材及主要参考书

教材是教师教学的基本工具，教材内容基本能满足教学大纲对教学的要求。但也应该补充相应的参考书，它们可以丰富和补充篮球教学的内容。所以，教师在学习和掌握教材内容的基础上，可以有选择性地参考一些比较权威的篮球专著。

6. 教学设施

教学设施是篮球运动教学活动进行过程中必不可少的重要组成部分。基本的教学设施包括篮球场地和设备、秒表、口哨、号码衣等器材。当然，这些都最基本的，如果学校有条件，可以添加一些篮球电化教学设施，这将会大大提高教学效率。

（二）制订教学大纲的要求

制订教学大纲时要遵循以下几个要求：

（1）从篮球教学的实际出发，落实教学计划所规定的培养目标和要求，提出教学的目的及任务。

（2）合理分配教学课程的时数，保证理论与实践的适当比例，确保教学任务完成。

（3）注重教学内容的系统性、科学性和先进性。

（4）根据篮球运动的特点、课程的任务和时数来确定教材内容，突出基本理论知识、技术与基本技能的教学训练和培养。

（5）考试内容应以基本理论、基本技术与技能为重点。考核方法要能全面、客观地反映学生的真实理论、技术与技能水平，评分方法力求科学和合理。

二、教学进度

教学进度的制订在整个教学过程中是很重要的一个步骤。一般来说，教学制度的制订需要遵循以下几个基本要求。

1. 符合逻辑

富有逻辑的教材安排可以在学生学习时产生积极的迁移，防止不必要的干扰。因此，在进行教材的安排时，要注意体现篮球运动基本理论知识和技术的结合。

2. 合理安排，突出重点

教学内容应该有主次之分，主要的部分也是重点部分，应该突出并适当增加该部分内容出现的次数；对于其他部分，适当安排即可，前提是能够满足教学大纲的要求。

3. 注重教学课的搭配

教学课的搭配，既包括对教学内容分量的合理分配，又包括对不同教学内容的合理搭配。无论怎样搭配，最核心的一点都是要能够体现循序渐进的原则，这样才能让训练取得更好的效果。

4. 注意理论与实践相结合

理论与实践是不可分割的整体，离开了理论，实践无所依附；离开了实践，理论就成为空谈。所以，在进行篮球教学课程安排的时候，要将理论和实践结合在一起，让课程的安排更有针对性和实际意义。

三、教案设计

（一）教案的基本结构和格式

1. 教案的基本结构

（1）准备部分。在篮球课正式开始之前，做好充分的准备是十分重要的。一般情况下，准备工作需要用15~20分钟，内容主要是进行篮球基本功练习、身体素质练习、篮球游戏等。

（2）基本部分。基本部分是篮球课的主体，内容主要包括教学顺序、教学步骤、练习方法与手段、练习的次数、时间和运动负荷、教学组织管理等。因为包含的内容多，所以用时较长，一般为70~90分钟。在安排这些课程的时候要注意突出重点、主次分明。

（3）结束部分。结束部分相对于前两部分来说是相对轻松的，用时也较短。一般来说，这个阶段需要完成的任务就是对篮球课所进行的情况进行简要总结，观察学生在课上的表现，并结合教学任务，给予他们准确的评价，一般用时5~10分钟。结束部分较为轻松，所以学生一般比较放松，常用的练习方式有自我或互相按摩、舞蹈和罚球等。

2. 教案的基本格式

篮球课教案的格式多种多样，下面主要介绍两种在实践中应用较多的教案，分别是表格式教案和条文式教案。

（1）表格式教案。表格式教案，是指将课程的内容、方法、次数、运动量等各项教学内容通过表格表现出来，不仅能使该课程的一切内容一目了然，而且便于课后填写小结。

（2）条文式教案。条文式教案一般多用于理论课教学，除填写表格式课时计划规定的项目外，以讲授提纲与组织教法的方式配合理论课讲稿共同使用。

（二）教案编写的基本要求

教案编写需要遵循以下几个要求：

（1）教师在确定教学课的基本任务时，要根据教学目标、进度、性质等，提出明确、具体的教学任务和要求。

（2）应针对教学课的基本任务来确定合适的教学方法。教学组织应严格、有序，使整个教学过程有条不紊地进行。

（3）确定教学任务时注重整体性，但又要注意因材施教、个别对待。

（4）要考虑场地、器材、设备、学生的人数、学生基本运动能力等基本要素，正确地运用教法步骤，合理选择教学方法，合理安排练习次数和运动负荷。

（5）注意课与课之间的衔接，保证教学过程的完整性和系统性，以及教学方法的渐进性。

（三）教案的设计实施

1. 深入研究教学大纲

教学大纲指的是一种以纲要的形式编制的有关教学内容的指导性文件，它指明了整个教学的方向，在教学中起着引导性的作用。因此，深入研究教学大纲对顺利开展教学实践具有重要作用。对于篮球运动教学来说，教师对教学大纲进行深入研究不仅是重要的，还是必要的，它可以帮助教师更加深入地理解和掌握篮球教学的具体目的及任务，从而有针对性地安排教学内容，更快速地向正确的教学方向和目标前进。除此之外，深入研究教学大纲还可以使教师从总体教学实际出发，掌握篮球教学的基本知识体系，了解教学各部分之间的内在规律和联系，从而全面安排、突出重点。

2. 仔细阅读和研究教材

教材是连接教师和学生的重要媒介，没有教材，教学就无法进行，它是对大纲的具体化。教师教学离不开教材，学生学习也离不开教材，所以仔细阅读和钻研教材有利于强化教学内容。一般来说，钻研教材分为两种基本情况：第一种是在了解教学任务的基础上对教材进行通览，这样会更有针对性地了解教材的构架及其内容，从而更加高效地完成教学任务；第二种是精读教材，包括对教材的内容和结构等进行仔细阅读和钻研。相比前一种方式，精读更加细致，对内容的理解也更加透彻。

3. 确定教学目标

教学目标是在教学开始之前定下的目标，是预期教学结束时将要达成的程度，具体表现为学生所获得的学习结果或终点行为。教学目标是一个整体，但是它由各个不同的层次构成。根据表述的抽象程度可将教学目标分为以下三种基本类型：

（1）具体教学目标。它是中程教学目标的再分化，一般是指一个教学单元或一次具体课要使学生掌握的内容。

（2）中程教学目标。它也叫作阶段性教学目标，是指在各个不同学习阶段所定下的目标，在这些阶段中，学生会很自然地体现出在不同知识领域和技能阶段中的不同学习能力及水平。

（3）终极教学目标。它是教学的总体目标，也就是教学所要实现的最终目标，具体可以总结为三个方面的内容：第一，促进学生智力与体力的发展；第二，使学生掌握基本理论知识与技能；第三，培养学生形成正确的世界观和人生观，以形成健康的个性品质。

4. 选择合适的教学方法

教学的主体是教师和学生，具体来说，"教"的主体是教师，"学"的主体是学生。所以，合适的教学方法要从教师教的方法和学生学的方法两个方面入手，主要表现为以下两点：

（1）注意与基础理论的结合。教学方法是相对于一定的教学理论而言的，二者可以说是形与神的关系，教学思想是"神"，教学方法是"形"，只有将二者都把握好，在"神"的基础上选择相应的"形"，才能做到"形神兼备"。

（2）注意多种教学方法的综合使用。没有一种教学方法是完美无缺的，在使用的时候，要辩证地看待它们的优缺点，进而有选择地使用。当然，为了达到预期的目标，仅采用一种教学方法是远远不够的，要将教学方法综合起来加以利用，以此取得理想的教学效果。将多种教学方法融合在一起使用是快速提高训练水平的有效手段，但在使用这种手段的时候，要注意各种教学方法之间的融合，避免造成混乱。

5. 编写教案

教案的编写与设计是篮球教学中的一个重要方面，它涉及教学过程的设计，所以在编写教案时要特别注意以下几点：

（1）具有系统性。教案本身就是一个相对比较完整的体育课文本，它从一定意义上来讲代表了一节完整的体育课，所以为了让一节体育课更加系统、顺利地进行，教案所包含的内容也应该具有较高的系统性。在新课程的标准之下，教案会要求更加关注学生的身心健康和兴趣的发展、个性的张扬等。

（2）具有可操作性。无论多么出彩的教案，如果无法运用于实践操作中，那么就都是无用的。因此，教案的可操作性是教案编写的一项基本要求。那么怎样的教案才算是具有可操作性的呢？这就要求教师在编写教案时，对篮球训练方方面面的内容都把握到位，既要考虑篮球运动技术运用时的运动负荷、运动密度和运动量，也要考虑如何才能促进教学目标的实现，还要考虑教学内容的安排是否符合学生身心发展的特点及规律。

（3）富有个性。顺应时代的要求，个性化教学是人们积极倡导的一种教学方式，教案作为教学的一个重要组成部分，也应在一定程度上体现出自己的个性和特点。个性化的教案更容易调动学生在学习过程中的积极性。另外，进行教案编写时，在内容上要有不同的侧重点，格式上同样也要体现出丰富性。需要注意的是，教案的编写一定要结合本校的实际情况，切忌为了华丽而失真。

第五章　篮球技术教学与实训

掌握篮球训练的各项专业技术是高校大学生参与篮球学习的前提所在，高校篮球技术教学能够使学生理解篮球技术的基本理论，逐渐掌握并提升篮球运动的各项动作技能。在本章中，将分别对移动、运球、传接球、投篮、持球突破、防守、抢篮板等篮球技术的教学与实训进行具体分析。

第一节　移动技术学练

所谓篮球移动技术，具体指的是篮球教学训练中，学生为控制身体平衡，改变身体的姿势、位置、方向、速度以及高度争取时，所运用的各种步法技术[①]。一般而言，移动技术主要包括如下几种方法。

一、起动

起动指的是在篮球运动时，学生由静变动并获得位移初速度的方法。学生在起动时，首先要降低身体的重心，身体的上部向前倾，两只手臂呈屈肘状态于体侧并保持自然下垂，后脚或者异侧脚的前脚掌用力蹬地，迅速摆臂前进。

二、步法

（一）跨步与滑步

跨步指的是以一脚为中枢脚，另一脚向前方或侧前方跨出，但不改变身体方向的一种步法。跨步分同侧和异侧两种步法。

同侧跨步：双腿弯曲，以左脚为轴蹬地，右脚向右前方跨出，重心转移至右脚，脚尖在前，上躯向右转。

异侧跨步：双腿弯曲，以左脚为轴碾地，右脚蹬地向左侧前方跨步，落地时脚尖在前，重心转移至左脚，上躯向左转，右肩前摆，朝移动向对准。

在高校篮球教学训练中，滑步常用于场上的防守移动，滑步不仅能够较好地保持身体

[①] 杨凯鸿. 大学篮球文化对高校篮球教学改革的影响及建议探析［J］. 当代体育科技，2018（28）：73－74.

平衡，也便于身体向各个方向进行移动。滑步主要包括侧横步、前漫步和后滑步。

侧横滑步：身体莫要出现太大起伏，同时还要控制好身体的重心来使身体保持平衡[①]。动作结束后将身体的姿势恢复到最初状态，同时要根据场上的情况进行下一个动作的转换。向右侧滑步时，技术动作一致仅仅是方向不同。

前滑步：身躯上部稍微向前倾，前脚同侧臂向前伸展，另一手臂于侧面伸展，并要时刻保持身体的低重心。

后滑步：后滑步与前滑步的技术动作基本相同，但二者方向却是相反的。

（二）滑跳步与攻步

在高校篮球教学训练过程中，滑跳步在平步防守时运用较多。其特点是步幅小、频率快、易控制防守面积。在移动时，双腿弯曲，重心降低，上躯前倾，前脚掌连续蹬地，用小步幅、快频率向不同方向位移。在向右滑动时，右脚向右平滑半步，左脚跟上半步，继续保持平步防守姿势。在向左滑动时，动作一致，唯有方向是相反的。

所谓攻步，具体是指防守时学生突然向前跨步，伺机抢断球或阻挠进攻的一种移动步法。做攻步时，屈膝降低重心，后脚蹬地，前脚前跨向对手逼近，重心转移至前脚，前脚同侧手臂前伸做干扰动作，后脚立刻跟上。

（三）后撤步与绕步

后撤步是一种前脚变后脚的移动步法。在向后撤时，前脚掌内侧蹬地，腹部和上躯向后撤转，与此同时，前脚向侧后方回撤，后脚掌碾地。

在高校篮球教学训练中，绕步是学生在防守时常用的一种移动步法。绕步具体分为两种形式，即绕前步与绕后步。在绕前步时，右脚向右斜前方跨半步，左脚紧靠右脚绕过对手，向左跨步，双臂向前伸出。绕后步动作方法与绕前步一致，但二者用力的方向却是相反的。

三、跑跳

（一）跑

在篮球运动中，跑的目的主要是为了更好地争取时间。具体而言，高校篮球教学训练中常用的跑主要包括三种形式，即变速跑、变向跑以及侧身跑。

变速跑：借助速度变化完成攻守任务的一种跑步方法。

变向跑：借助方向变化完成攻守任务的一种跑步方法。以从右向左变向为例，在最后

[①] 翁荔. 浅析高校篮球技战术教学中对学生篮球意识的培养[J]. 黑龙江科技信息，2017（01）：98－99.

一步时用右脚前脚掌内侧蹬地，脚尖内扣屈膝，腰部向左转，上躯向左前倾，左脚向左前方跨出之后加速前进。

侧身跑：脚尖对准移动方向，头与上躯迅速转至球向，从而更好地观察当前局势。

（二）跳

在高校篮球教学训练过程中，跳是形成在球场上争取高度控制空间优势的一种动作方法。跳可分为单脚跳与双脚跳两种形式。

单脚跳：起跳腿迅速屈膝，脚跟着地后迅速转换至前脚掌蹬地，与此同时，腰胯向上提，双臂上摆，另一腿屈膝上抬，加快起跳速度。当身体腾起到空中至高点时，双腿自然伸直并拢，身体伸展。落地时双腿屈膝缓冲，将身体控制好平衡。

双脚跳：双脚分开站立与肩部同宽，屈膝降低重心。在起跳时，双脚蹬地，双臂上摆，使身体腾起于空中，并保持平衡伸展。在落地时，屈膝缓冲，将身体重心控制好，迅速与其他动作衔接在一起。

四、急停转身

（一）急停

在高校篮球教学训练过程中，学生突然迅速制动或者停止的脚步动作方法即为急停。急停主要包括跨步急停和跳步急停。

跨步急停：快速移动中的急停，跨出一步，身体后倾，减缓向前的冲力。随后跨出第二步，在身体平衡得到保持的情况下用前脚掌内侧着地，脚尖内扣，身体侧转微前倾，双手自然弯曲并稍微张开。

跳步急停：在中低速移动过程中，学生单脚（或双脚）起跳，上躯稍微向后仰，双脚同时着地。

（二）转身

所谓转身，就是在篮球训练时学生将一只脚作为中枢脚，另一个脚用力蹬地，从而使身体旋转改变的一种技术动作。在转身之前，双脚分开站立约与肩部同宽，双膝微屈，上躯稍微向前倾，将身体的重心落于双脚之间。转身时应该将身体的重心落在中枢脚上，并且以前脚为轴碾地，移动脚应该用力蹬地，在移动过程中身体重心始终保持平衡。

第二节　运球技术学练

运球技术是指在高校篮球教学训练中，持球学生在原地（行进中）用手连续按拍使球反弹起来的一种技术动作[1]。运球技术是学生进行篮球学习必须要掌握的重要技能。

一、技术分析

（一）低运球与高运球

学生在学习低运球时，双腿弯曲使身体重心降低，上躯稍微向前倾，使球落在身体的一侧；用手腕与手指短促按拍篮球的后上方，使球弹起的高度与膝关节接近水平，双腿用力后蹬并前进。

学生在学习高运球时，双腿稍弯曲，上躯微向前倾，双目平视前方，以身体肘关节为轴，手臂前部自然伸屈，用手腕与手指轻拍篮球后上方。学生应该将球落点控制在手臂同侧、脚的外侧，反弹高度应控制在腰与胸之间。

（二）急停急起与转身运球

学生在快速运球中两步急停，降低重心，手的拍击部位应放于篮球前上方，使球停止运行。急起时，双脚要用力向后蹬地，上躯迅速向前倾并启动，拍击篮球后上方，人球同步迅速向前。

当对方的防守者向自己逼近而且运球者无法用直线运球或者体前变向运球突破时，可以利用转身运球的方法摆脱对方的防守。以右手运球为例，当运球者准备变向时，左脚应在前为轴心，右手在左后转身之时将球拉至身体后侧，并按拍球落在身体的外侧，随后改为左手运球并快速前进。

（三）胯下运球与背后运球

以右手运球为例。在运球变向时要左脚在前，运球右手击打篮球右侧上方，使篮球从双腿间运到身体左侧方，随后迈出右脚，换另外一只手运球，并加速向前。

当右手运球从背后换左手时，右脚前跨，右手将球拉至身后右侧方，旋转手腕拍击篮球右后方，让球从背后反弹至左前，左脚迅速向前跨出，另一只手开始运球。

二、技术训练

（一）训练方法

首先，是原地进行高运球与低运球技术训练。学生右手按拍篮球的右上方使其在接触地面后弹向左侧，然后左手按拍篮球使其在接触地面后反弹到右侧。其次，是原地进行体侧前后推拉的运球训练[2]。学生双腿保持前后分开站立，用手击打篮球的后上方使其弹向前方，同时将运球手迅速前移击打篮球使其弹回。最后，是对抗运球训练。两人一组，每人运一球，在保证自己所运球不被对方打断的情况下打掉对方所运的球。

---

① 翁荔. 高校篮球技战术教学体系的构建与应用[J]. 黑龙江科技信息，2016（36）：22-23.
② 谢剑鸣. 试论篮球技战术意识在教学中的培养[J]. 湖北体育科技，2009（04）：35-36.

（二）注意事项

首先，运球训练时应注意对基本功的训练，以此使学生有效提升自己控制球与支配球的能力。在初步掌握了篮球运球技术动作后，学生就应该进行抬头运球训练，逐步学会用手感来控制篮球，并且还要养成运球过程中观察前方、观察全场的习惯。其次，训练应该抓住运球这一关键技术来展开，同时还可以结合多种辅助性的训练共同来训练，应兼顾手上的运球技术与脚上的步伐技术，二者要协同进行。

第三节　传接球技术学练

所谓传接球，其具体指的是学生在篮球训练中与同伴之间有目的地转移、支配篮球的一种方法。传接球水平的高低不仅会影响到篮球战术的执行，而且还在一定程度上决定着本队进攻的成功率，所以必须加强篮球传接球技术的学练。

一、技术分析

（一）传球

双手胸前传球：双手手指保持自然分开，拇指对立成"八"字形，使用指根之上部位持球，手心空出。双肘在身体两侧保持弯曲，将球放于胸腹间，身体保持站立之姿。传球时在后脚蹬地、重心前移的过程中前臂伸向传球方向，拇指下压，手腕前屈，食指与中指拨球将球传给同伴。

单手肩上传球：双手持球于胸前，双脚平行站立，以右手传球为例，传球时左脚向传球方向迈出半步距离，右手托住篮球，随后将球置于右肩上方，肘向外，上臂与地面平行，手腕后仰。左肩与传球方向相对，右脚支撑身体重量，并蹬地转动身体，右前臂向前挥摆，手腕向前屈，用食指与中指的力量拨动篮球将其传出。

双手头上传球：学生在传队时双手指尖朝上，握住篮球的侧面置于头顶，肘部微弯，脚向传球方向跨出的过程中手腕向后转动，将篮球转至脑后并向前抛出，手腕向下发力，并做好随球动作。

单手体侧传球：以右手传球为例，学生双脚开立，膝部微弯，双手持球于胸前。向同伴传球时，右手应该持球向后引，经过体侧向前作弧线摆动，手腕前屈，用食指与中指的力量拨动篮球将其传出。

（二）接球

双手接球：学生在接球时，双目应该注视来球，双手手指要自然伸展，双手拇指对立成"八"字形。在传球过来的过程中应该主动伸臂去迎接篮球。学生在接球时，要用手指的指间先接触球，双臂同时随球向后引，同时注意与下个技术动作的紧密衔接。

单手接球：以右手接球为例，右脚向来球的方向迈出，右手臂在迎来球时应注意微弯，手掌成"勺"形，手指张开伸向来球方向，左脚配合向前迈出[①]。当手触碰到同伴传来的球时，手臂要顺势向后回撤，肩部回收，上躯稍向右后方转动，随后协同左手将篮球持于胸前。当跳起只用一只手来接同伴传来的高球时，可利用手指尖触球之后顺势进行卷腕，在胸前进行双手持球。

跑动接球：学生在跑动接球时，脚尖要朝着自己的行进方向，上躯向侧转动面向来球方向，双臂伸出接传来的球。

摆脱接球：无球的学生可通过运动变向跑等技术动作，或者在同伴掩护下摆脱对方的防守来接同伴传来的球，在接球时还应该特别注意技术动作的紧密衔接。

二、技术训练

（一）训练方法

首先，是原地徒手双手持球动作的模仿训练，该训练能够让学生更好地体会不持球时正确做出双手持球的徒手模仿动作。其次，两个学生为一组，一人站在原地传球，另一人向不同方向移动做接球训练，进行5组训练后交替进行。最后，全场进行三人的传接球技术训练。每一次球都应该通过中间的学生，三人在传球时应该保持好相互之间的三角队形，中间的学生稍微向后站立，两边在前。

（二）注意事项

首先，在掌握传接球的基本技术之后，学生还需要注意培养自己的赛场观察力与判断力，在场上时尽可能不让对方猜出自己的传球意图，同时还应将战术与传接球的技术紧密结合；其次，在训练过程中应重点加强传球技术的训练与掌握，先进行传平直球的用力技术训练，再进行传折线球的用力技术训练，最后进行弧线球的用力技术训练，并以三种传球路线交替进行训练。

第四节 投篮技术学练

所谓投篮技术训练，其具体指的是在高校篮球教学训练中进攻者将球从篮圈上方投入对方球篮所采取的各种专门动作方法训练的统称。在高校篮球教学的各项技术训练中，投篮技术训练是篮球技术训练发展的重中之重。

一、技术分析

（一）原地投篮

原地双手胸前投篮：学生双脚保持左右站立，双腿微弯并以前脚掌接触地面，上躯稍

---

① 姚天魁，张骏，丁丽萍，等. 论篮球运动发展中时间因素演变的历史作用与功能启迪[J]. 体育世界，2013（09）：97-98.

前倾，双手自然张开握住篮球两侧稍微向后的部位，拇指成"八"字形。手心中空，将球持于胸前，同时将肘部弯曲并靠近身体。在进行投篮时，双脚蹬地使身体保持伸展，手臂向前上方伸出，两拇指向前上方将篮球送出，手腕外翻，让篮球后旋飞出。

原地单手肩上投篮：以右手投篮为例，双脚呈分开站立状态，膝部微弯，身体重心落于双脚间，上躯向前倾，右手翻腕托球于右肩前上方，手指自然张开成球状，手心空出，左手帮助扶在篮球的侧下部，右肘自然下垂，手腕放松；在脚蹬地之时右手手臂向前上方伸展，手腕向前扣动，用手指轻柔地拨出篮球。需要强调的是，手腕在篮球出手之后应该呈放松之姿。

原地起跳肩上投篮：双手将球持于胸腹部，双腿呈分开站立状态，膝部微弯，身体重心落于两脚间，上躯保持放松，双目注视篮圈。膝部在起跳时应适当弯曲，随后前脚用力蹬地，手臂上摆举球起跳，左手扶于篮球左侧。当跳至最高点时，左手离开，右臂向前上方伸展，并突然发力弯曲手腕，用食指与中指的力量拨动篮球将其送出。

（二）行进投篮

行进间单脚起跳单手低手投篮：右脚跨出用双手接球，左脚向前迈出，制动之时用力起跳，身体伸展，右手手臂伸直向篮圈方向送球，当手靠近篮圈时向上挑腕并将球送入篮筐。需要强调的是，在送球之后双脚要同时落地。

行进间勾手投篮：以右手投篮为例，学生在接到同伴传球或运球停止后，左脚向投篮的方向跨出后起跳，左肩靠近防守自己的学生，右腿向上提，双目注视篮圈，左手离球，右手持球向右肩侧上方伸出，举球至头的侧上方时挥动前臂送出篮球。

（三）急停跳投

学生在运球急停或接球后急停投篮时，可采取跳步或跨步急停的投篮方法[①]。当投篮学生脚步停下之时，双手要随着自身的起跳动作持球向上托举，跳起临近最高点时辅助手应该离球，投篮手臂应向前上方伸直，手腕前屈，利用食指和中指的力量拨动篮球并送出。

二、技术训练

（一）训练方法

首先，是原地进行徒手模仿投篮动作训练；其次，是原地进行多角度的投篮动作训练；最后，是两人进行对投训练。

（二）注意事项

首先，在投篮训练过程中，学生的投篮技术动作要准确，并在此基础上结合多种技术

---

① 张涛涛. 职业院校篮球教学方法与对策探究［J］. 科技资讯，2018（05）：99－100.

动作协同训练,从而使自己的场上应变能力得到有效提高;其次,投篮可以结合一定的战术进行训练,并在训练过程中不断提高自己的团队协作意识;最后,学生在进行投篮训练时还应该注意强化自己的心理素质,这是因为出众的心理素质对于提高投篮命中率具有积极的促进作用。

第五节 持球突破技术学练

所谓持球突破技术训练,其具体指的是学生将步法、运球等技术结合在一起,迅速摆脱对方防守者的一种攻击性技术训练。一般而言,篮球运动的持球突破技术训练主要包括蹬跨、转体探肩、推按球以及加速等内容。

一、技术分析

(一)原地持球突破

原地持球同侧步突破:双脚呈左右分开站立状态,膝部微弯并降低身体重心,将球持于胸腹部。学生在进行突破时,上躯要适当前倾,右脚向右前跨出,上躯同时向右旋转,左肩下压。左脚内侧蹬地,离地前用右手拨球于右脚外侧前,左脚跨步抢位,快速运球后进行突破。

原地持球交叉步突破:双脚呈左右分开站立状态,双腿微弯并降低身体重心,将球持于胸腹部。学生进行突破时,左脚向左前迈出,将对方防守者引向自己左侧的过程中,用左脚内侧蹬地,向右前跨出,上躯向右旋转,左肩下压,将身体重心移动至右前方,把球转移到身体右侧,在左脚右前方用右手拨球,随后右脚蹬地来摆脱对方防守。学生在突破时务必要注意,蹬跨动作应带有一定的力量,转体探肩的动作也要迅速完成。

(二)转身突破

前转身突破:前转身突破的准备动作与后转身突破一致,突破时将身体重心落于左脚,用右脚内侧蹬地,以左脚为轴碾地,右脚随着前转身向球篮跨步时,上躯左转并压左肩[1]。右手向右脚侧前方拨球,当球拨出后用左脚蹬地,向前跨出来摆脱对方防守者的防守。学生在突破时务必要注意,身体重心要始终平稳,转身与突破动作的转换也应连贯自然,一气呵成。

后转身突破:学生背对球篮保持站立,双脚呈前后分开站立的状态,双腿微弯并降低重心,双手于腹前持球。学生在进行突破时,应以左脚为轴进行转动,右脚向右后方进行跨步,脚尖指向侧后方,上躯向后旋转并压低右手肩部[2]。右手向右脚前方拨球,左脚内

---

[1] 岳广凤. 高校篮球教学改革受到大学篮球文化的影响 [J]. 当代体育科技,2015 (19):125-126.
[2] 李卫星. 论篮球技术训练与篮球意识的培养 [J]. 课程教育研究,2017 (24):37-38.

侧蹬地并向球篮方向跨出，换左手运球来摆脱对方防守者的防守。学生在后转身突破时务必要注意，身体重心要始终保持平稳，转身与突破的动作转换也应连贯自如，一气呵成。

（三）行进突破

学生在运动过程中，当同伴传球过来时，应迅速向来球方向伸臂迎球，同时用脚蹬地，双脚离地腾起向前方（侧方）跳起接球，从而与对方的防守者形成错位。学生在落地后，屈膝使身体重心降低，保持平衡之时还要控制好球权。学生在行进突破时务必要注意，各个技术动作之间的紧密衔接应该连贯自如，一气呵成，接球急停时的动作也要平稳，突破起动时要有爆发力，同时还应该根据防守者的位置选择最佳的突破方式与突破时机。

二、技术训练

（一）训练方法

有防守时的持球突破训练：如图5-1所示，⑤向圆顶斜插并接④的传球进行突破，⑧边退边防。④传球后，到原⑤的队尾，依次连续训练。⑤进攻后去⑦的队尾，⑧防守后则去⑥的队尾，接球者应该主动上前，传球应该到位，突破过程中在降低身体重心的同时也要保护好球。

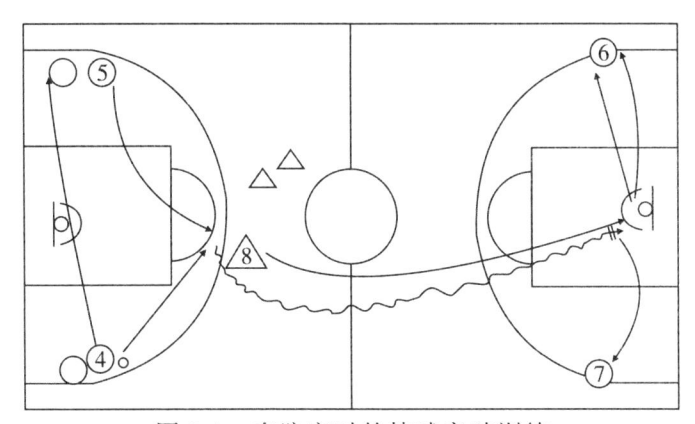

图5-1 有防守时的持球突破训练

无防守时的持球突破训练：首先，每人一球在原地进行持球交叉步与同侧步突破的动作训练，这样能够使学生更加深入地领会突破技术，使其身体动作的配合更加协调；其次，接球急停突破训练，两人一组，无球学生向有球学生示意自己的接球方向，随后进行移动接球。

（二）注意事项

首先，学生在训练时应不断培养自己的突破意识，提高自己的观察力与判断力，并善于抓住场上的突破时机；其次，学生在训练时应注意技术动作的规范性，应学会用两脚都可以做中枢脚，并明确相应规则；最后，学生在训练时还应注意培养自己的顽强作风，学会在对方防守者的贴身紧逼中运用突破技术。与此同时，还要逐渐掌握各种突破技巧，由此更好地发挥突破作用。

第六节　防守技术学练

一、抢球、打球与断球的技术学练

（一）技术分析

抢球技术：抢球技术可分为拉抢与转抢两种[①]。首先，是拉抢。在拉抢之前，防守者应该准确抓住对方持球者的持球空隙部位，突然用双手抓住球之后猛拉来断下对方的球权。其次，是转抢。防守者在抓住球的同时还应该迅速利用手臂后拉以及双手转动的力量，从而夺取球权。在争抢过程中，防守者还可以配合转体动作使对方防守者不能握球。如果没有抢夺成功，对方防守者要尽可能造成与对方争抢球的局面。

打球技术：打球技术可分为打掉对方手中的球与盖帽两种。首先，是打掉对方手中的球。第一，打持球者手中的球。在进攻队员接到球还没有对球进行很好保护或者没有警惕场上局势时，防守者应该快速上步打掉对方的球。一般情况下，当进攻队员持球部位较高时，防守队员可采取由下而上的方式打掉对方的球；如果对方球员持球较低，应从上而下打掉对方所持篮球。第二，打运球者手中的球。当对方持球者运动前进时，防守者应该采取侧后滑步移动的形式，将右手臂堵在运球者左面以干扰其右侧运球，左手臂干扰运球。当篮球弹起未到对方运球者手中时，防守者应该迅速用手指、手腕以及前臂的力量从侧面打掉对方运球者手中的球。其次，是盖帽。学生在练习盖帽时，防守者要降低重心，同时寻找场上有利的防守位置，准确判断防守者的出手时间并跃起；起跳后要使自己的身体得到充分伸展，同时还应该高举手臂，在对方球出手的瞬间依靠腕部动作把球挡出。在盖帽时，防守者的盖帽动作应具有力量并迅速。

断球技术：断球技术可分为横断球、纵断球以及封断球三种。首先，是横断球。学生在练习横断球时，要降低身体的重心，当球刚由传球者手中传出的瞬间迅速起动，单脚（双脚）跃出，尽可能保持身体伸展，双臂前伸来截断对方的传球。如果距离对方的传球比较远，那么学生可以采取助跑起跳的方式。在练习横断球时，学生要注意控制好自己身体的重心与出手时机。其次，是纵断球。当防守者从接球者的左侧向前进行抢断时，左脚向左前方跨出，随后侧身跨右脚绕到对方接球者的前面，右脚或者双脚同时蹬地，并使自己的身体得到充分伸展，双臂向前伸将对方的传球抢断下来。在练习在纵断球时，学生的

---

① 林花. 新模式教学在篮球教学中的应用分析 [J]. 当代体育科技，2017（34）：53—54.

微蹲地动作要迅速而有力,并保持好身体的平衡。最后,是封断球。在练习封断球时,如果对方传球者的传球不够迅速或者过早显示出自己的传球意图时,防守对方的学生可以抓住对方出手的刹那迅速上前,封堵或抢断对方的传球。

(二) 技术训练

抢球技术:首先,两名学生为一组,距离 1.5 米相对站立。一人双手持球于腹前,另一人根据抢球的基本技术动作突然止步抢夺对方手中的球。持球者从正常的握球动作开始,不断加大握球的力量,使抢球者更好地体会拉抢技术与转抢技术。其次,是原地抢球训练。两名学生为一组。持球者在原地做投切结合的脚步动作,防守者学习并体会抢球动作的要领。训练一段时间之后,互换攻守[①]。学生在抢球过程中,应该保持正确的防守位置,控制好身体的平衡状态,抢球动作应果断迅速。

打球技术:首先,是接球时的打球训练。两名学生为一组,相互之间保持 1.5 米的距离。持球者做出传球的动作之后,防守者应该快速上步打掉对方手中的篮球。两人交换进行此训练。其次,是正面打运球者球的训练。在一攻一守的训练过程中,防守者要紧跟着向上的运球者,抓住球刚从地面弹起的时机打掉对方的运球。两人交换进行这种训练。

断球技术:如图 5-2 所示,④与⑤原地相互传球,在⑤未接到球之前,△从⑤身后进行纵断球,断球之后运球上篮,上篮后抢篮板球并将球传给⑦,⑦与⑥相互传球,在⑥没有接到球前,△蹿出横断球,断球之后运球上篮,上篮后抢篮板球再将球传给④;△排在⑥后面。如此反复进行训练。

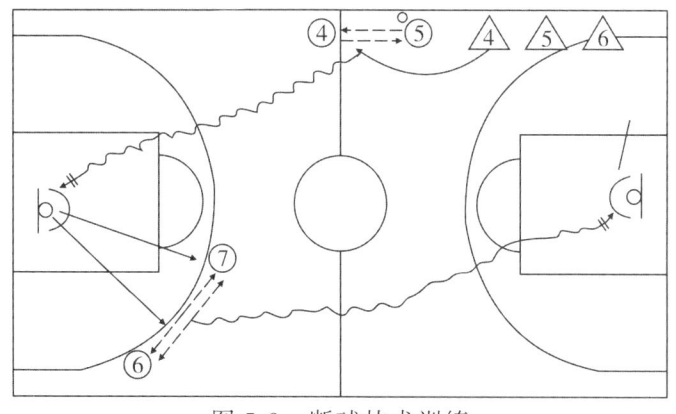

图 5-2 断球技术训练

二、防守无球者的技术学练

(一) 技术分析

在高校篮球技术教学中,防守无球者的技术主要包括三种,即防接球、防切入以及防摆脱。

---

① 陈涛. 比赛教学法在篮球教学中的应用初探 [J]. 当代体育科技,2017 (31):33-34.

防接球：学生在练习防接球时，防守者始终要将对方与场上球权控制在自己的视线范围内，防守动作应有效而规范，特别应注意起动技术与移动技术的紧密衔接以及控制身体平衡，在防守的动态过程中始终保持在对手与球之间偏向对手一侧的断球路线上，还要伸出同一侧的手臂形成"球—我—他"的防守站位。

防切入：对进攻者试图切入或者已经摆脱切入的一种防守方式。学生在练习防切入时应遵循"人球兼顾"的原则，并以防人为主。防守的对方球员如果有任何动作，就要采取有效的防守措施使其不能迅速起动或者有效延缓其起动速度。若对方迎着球的方向进行切入，应采取主动上前封堵的方法进行防守，背对球方向则防其后来断掉对方的传球线路。

防摆脱：对无球进攻者摆脱的限制与封堵方式。通常而言，进攻者在后场的摆脱主要是通过快接球进行攻击，防守者不仅要在场上进行主动追防，还应尽量抢在近球侧的路线上进行封堵。

（二）技术训练

1. 训练方法

强侧、弱侧的防守训练：进攻者在外围进行传球时可做摆脱接球动作。防守者应根据场上"球况"来选择最为适合的防守方式，学生在防守过程中还应遵循"人球兼顾"的原则，莫要顾此失彼。

抢位与防底线突破训练：在防守者进行抢位以及防底线突破训练过程中，当前锋在限制区两侧 30°以下位置接球时，防守者应卡堵其底线突破，抢防底线突破的位置，让对方不能够从底线进行突破。如果对方接球，靠近底线的一只脚在前来防止对方从底线进行突破。对方进攻者选择从底线突破，应迅速滑步同时结合堵截步把对方阻挡在底线外部。

2. 注意事项

首先，防守者要使用各种方法对对方接球进行有效干扰，同时还要把握好本方以及对方在场上的位置变动；其次，当进攻者设法进行移动接球时，负责防守的防守者要通过抢占有利防守位置等方式来对对方的接球进行有效干扰。

三、防守有球者的技术学练

（一）技术分析

防运球：防守对方运球的主要目的即为减缓对方运动的速度，同时迫使对方改变既定的运球方向，不让对方运球攻向篮下并阻止其突破。一般而言，为了不让自己防守的对象超越自己，防守者应与防守对象之间保持一臂左右之距，防守者的双臂应该侧下张，双腿微弯，在移动过程中要保持正确的防守姿势，并通过准确判断来防下对方的运球。为了获得更好的防守效果，学生可运用平步贴身防守来得到更大的防守范围，这样可增加对方完成技术动作的难度。学生在练习过程中最好采用撤步与滑步的技术动作，同时还应该抢在运球者的前面一步左右的距离进行阻挡，从而逼迫对方尽可能向边线、场角或场上较为拥挤的地方运球。当进攻者通过变速或急停等技术试图摆脱防守时，防守者应在其变换动作时及时抢前向后移动，从而占据更有利的防守位置，采取适当的步法来打乱对方的进攻阵型与节奏。

防传球：当持球者离球篮筐较远时，其主要意图是向中锋传球或者转移球[①]。在防守过程中，防守者应根据对方的位置与视线判断其传球的意图，控制对方进攻性的传球。在进攻者接球之后，防守者应该选择正确的位置，保持适当的距离以及调整好身体的重心，目不离球并高度集中自己的精神，根据对手位置、动作来对其传球的真实意图进行合理判断，挥动手臂进行干扰。需要强调的是，防守者应尤为防范对手向内线渗透性的传球，尽可能迫使对方向外进行转移性传球。如果进攻者运球成为"死球"时，应迅速逼近身前，封住传球的出手路线。当对方传球出手后，应遵循"人球兼顾"的原则，防止对方的摆脱切入。

防突破：防突破的主要目的是为了防守进攻者的持球快速突破，其主要包括防背对球篮突破的持球者与防面向球篮的持球者两种类型。首先，是防守背对球篮突破的持球者。当对方在接球后是双脚前后站立状态，若后脚可做中枢脚进行转身突破，就要对其转身一侧进行严密防守；当防守对象进行转身变向突破时，防守者要紧随对方向后撤，同时前逼、侧跨步进行阻截；若对方在接球时是双脚平行站立状态，应根据对方的接球位置与离篮筐的距离进行针对性的防守，距篮筐较近时应以防投篮为主，较远时要以防突破为核心。其次，是防守面向球篮的持球者。选择场上正确的防守位置对于防守面向球篮的持球者来说是极为必要的。防守者应该根据同伴位置以及对方的场上情况选择有针对性的防守方式，堵强放弱，迫使对方改变既定的进攻路线，延缓或打乱对方的进攻阵型与节奏。

防投篮：防投篮的主要目的是为了防止对方投篮得分，所以防守者务必要做到"球到人到"。在练习过程中，学生可采取斜步防守的方式来贴近对方，与此同时双臂高举并进行挥动，对对方试图投篮的学生造成干扰，迫使对方的技术动作发生改变，并用另一臂伸向侧方，从而有效防止对方运球突破或传球。在练习在防投篮时，学生在准确判断对方投篮意图的同时，也要对其技术动作的真伪进行正确辨别。在这个基础上，防守者应该对对方的投篮进行最大程度的干扰，对对方的投篮角度进行积极封堵，以此增加对方的投篮难度。

（二）技术训练

1. 训练方法

防投篮训练：首先，训练的学生应分为两排，然后在篮球教育工作者的指导下进行防

---

① 邓洪武. 试论如何快速提高篮球技战术水平 [J]. 文学教育（中），2010（03）：55-56.

投篮的模仿动作技术训练。其次，两名学生为一组，一人进攻而另一人防守，持球学生进行投突技术的训练，而防守学生进行干扰球以及撤、滑步技术的训练。最后，是"二防三"防传球训练。五名学生为一个训练组，进攻学生呈三角形站位并进行相互传球，另外两名学生在中间进行防守，一个主要负责对持球学生的防守，另一人一防二。一防二的防守学生应该具体根据防持球学生的防守站位与封球角度来选择有效的防守策略，防守过程中还应该注意进行积极的场上移动。

2. 注意事项

首先，防守学生要全面观察场上的形势并进行准确的防守预判，采取有针对性地防守措施从而使自己处于主动；其次，防守学生需要注意对对方的直接突破进行重点盯防；最后，在对方进行相互传球之时，防守学生要密切注意防对方的空切，在对方出手投篮后还应该阻挡对方争抢投篮未进的篮板球。

第七节 抢篮板球技术学练

一、抢进攻篮板球的技术学练

（一）技术分析

当内线球员或篮下球员争抢进攻篮板球时，若本方已投出篮球，那么篮下队员应该及时判断球弹出的方向，同时还要利用有效的技术动作使自己挤到对方的身前，并且运用跨步或助跑起跳来补篮或争抢未能投进的篮板球。当外线球员抢篮板球时，在队友投篮的同时，若进攻者面向球篮，那么应及时判断篮球触篮之后的反弹情况，随后迅速上前补篮或争抢篮板球。以从防守者身后左侧冲抢为例，若进攻者面向球篮，右脚向右侧跨步移动，于右侧进行假动作，随后用左脚撑地，右脚向左跨出，将身体重心支撑点改于左脚之上，右脚立即向前跨步绕前，挤靠防守者进行补篮或者抢篮板球。

（二）技术训练

1. 训练方法

首先，原地进行连续双脚起跳或前、后转身跨步连续起跳，同时用单手或双手触篮板（或篮圈）20 次左右，学生在训练过程中务必要使技术动作连贯，一气呵成；其次，两名学生为一组，一名学生向篮板或者篮圈抛出篮球，另一名学生以面向持球学生的基本姿势保持站立，准备争抢篮板球，之后转身跨步（上步）起跳，用单手（或双手）争抢篮板球；最后，两名学生为一组，站于篮下两侧，轮流跳起在空中用双手将球托过篮圈，碰板之后传给同伴。需要强调的是，学生在练习过程中应注意在跳至最高点时方可托球。

2. 注意事项

首先，此种训练最好是在相应的战术背景下进行，同时可以把抢篮板球技术与战术进行更好地结合;其次,抢篮板球技术可以和有关的技术一起进行训练,如抢防守篮板球和一传、运球突破的技术结合在一起。

二、抢防守篮板球的技术学练

(一) 技术分析

在练习过程中,当防守者在篮下防守对方进行投篮时,应该根据防守对象的具体动作采取相应的防守技术动作,同时应该尽可能将防守对象挡在自己身后,从而更有利于自己进行防守篮板的抢夺[①]。当在篮下抢位挡人时,一般可采用后转身挡人的方式,降低身体重心的同时双手向外伸展,抢占空间的面积来做出更为有利的起跳动作。当在外围与对方争抢篮板球时,在进攻者准备投篮、防守者面对进攻者时,防守者应采取合理的技术,利用转身来阻止对方向篮下移动,同时还要抢占篮下的最佳防守位置。当防守者跃起与对方争抢篮板球之时,两只手臂在上摆的过程中双脚前脚掌蹬地,身体与手尽可能伸展至球的方向,达到最高点时用单手、双手或点拨球的方法抢夺篮板球。

(二) 技术训练

1. 训练方法

第一,在练习中,将受训学生分为两列,根据篮球教育工作者发出的口令原地进行双脚起跳动作训练,同时进行单、双手抢篮板球的技术训练;第二,学生持球向篮板或者墙上抛出后进行上步起跳,用双手或者单手争抢篮板球;第三,将受训学生分为两列并保持相对站立,两人之间拉开一步的距离,两人为一组进行训练,根据信号指挥,前排受训学生进行前转身、后转身挡住后排受训学生,随后交换位置进行训练;第四,将受训学生分为两列站立,每人一球向头上抛球之后起跳,双手或者单手进行空中争抢篮板球的训练;第五,是抢占位置的训练,两名学生相距一米并保持相对站立,进攻者通过使用假动作来摆脱对方的防守,防守者使用转身动作封挡进攻者,同时跃起进行篮板球抢夺动作的模仿。

2. 注意事项

首先,在抢篮板球技术训练过程中,学生要适当结合其他的技术动作一起运用;其次,抢篮板球的技术训练应该在战术背景下来进行,同时应该结合战术进行训练;最后,在抢篮板的训练过程中,学生要强调抢篮板球技术的实战训练,加强对抗性的训练,抢防守篮板球要注意挡人,抢进攻篮板球要注意首先抢夺场上有利的位置。

---

① 李超. 高职院校篮球教学的现状及路径选择研究 [J]. 知识经济,2017 (23):103-104.

第六章 篮球课程教学要素的优化

发展至今,篮球运动受到不同性别、不同年龄段人群的欢迎,高校大学生也成为参与篮球运动的一大群体,高校篮球运动呈现出了较好的发展趋势。但是,要想持续推动高校篮球运动的发展,必须采取切实可行的策略有效优化高校篮球课程的各项教学要素,提高高校篮球课程教学的效率,促使篮球运动对高校大学生产生更显著的积极作用。

第一节 高校篮球课程教学内容的优化

一、优化高校篮球课程教学内容的原则

(一) 科学性原则

科学性是指篮球课程教学不仅要与现代科学技术相融合,把多媒体技术、网络技术引入专项教学内容中,也要合理地对教学内容进行剪裁、加工、组合,实现教学内容资源的优化。

(二) 发展性原则

篮球理论建设已初具系统、综合和微观化;对篮球运动本质和规律的认识不断深入;篮球技战术不断创新和发展;篮球运动产业化、职业化和大众篮球运动蓬勃发展等。要想更好地适应篮球运动的持续发展,篮球课程教学的教学内容应当在继承的基础上积极吸纳和整合现代篮球运动的新理论、新知识以及新技能。

篮球课程教学内容拓宽是社会发展和变化的结果。具体来说,篮球主修课教学内容拓宽的一方面表现为其外延的扩张,呈现出跨学科的状态。跨学科组织教学内容在篮球和其他学科间架起沟通的桥梁,它既强调了各学科之间的共性又不排除各学科之间的特性。这样的学习内容既符合现代科学发展的需要,又符合学习者的主观需要;它打破学科之间独立分割的状况,消除了单一学科的局限;篮球和心理、社会和教育等学科的交融,突出了篮球主修课教学中的关键性内容,消除了某些无用的重复。从某种程度来说,跨学科使得教学内容更加灵活,对引进新知识和有效应用各个方面的知识有显著的积极作用。篮球主修课教学内容拓宽的另一方面是其内涵的加深。未来的篮球教学具有现实性和开放性,它不仅要与国际接轨,强调国际间的交往与合作,吸取各国教学的新经验,实行双语教学;它也要立足于社会的需求和个人发展。它必须适应篮球运动社会化、产业化发展的趋向,

根据人才培养的目标完善和调整课程内容。除此之外，它必须对课程内容加以规划、设计，充分发挥隐性课程的作用，使课程的各个方面为达成预期的教育目标服务。

（三）可实践性原则

教学内容是篮球课程教学过程的三大要素之一，不仅要把学生实际接受的可能性纳入考虑范围，也要把教师自身的条件纳入考虑范围。倘若不兼顾教师和学生实际的教学内容，则会出现资源浪费的结果，同时会对教学效果产生直接性影响。教师不仅要依据教学内容教学，更要依据本院校主修课标准的要求，根据现实的教学实践状况，面对教学内容之外的生活，面对学生的创造性实践和实际需要，创造性地使用教学内容。

（四）知识条理性原则

篮球运动知识的形成过程是有序的历史过程，所以其中的条理性原则表现为以时间顺序为依据来组织相关的教学内容。需要说明的是，篮球运动知识的条理性不仅要求时间层面看得清晰，同时要从知识的逻辑关系和系统化等多个层面加深理解，只有这样才能深入理解知识条理性原则的含义。

（五）知识基础性原则

就篮球教学内容的优化来说，一定要坚持遵循以打好篮球运动的技战术和理论基础为原则，这是篮球教学内容的关键基础。在确立知识基础时，一定要由最为专业的篮球教学者来挑选，如此才能保证教学内容的科学性。公认的知识基础成为教学内容的基础，必须使其按教学规律提出基本要求，这样才能发挥基础作用，从而组织教学内容的优化创新。

（六）知识关联性原则

包括事实、概念、法则以及原理等在内的篮球教学内容的实体，共同组成了一个整体，所以说优化高校篮球课程教学的教学内容时必须把其间的关联性纳入考虑范围。

（1）从篮球教学内容自身的逻辑关联上看，纵向有历史联系，横向则有各术科之间的知识联系，只有注意到这些内在的关联性，才能使教学内容的优化创新过程更加系统化。

（2）学生的学习知识关联。篮球教学内容在组织时，要求学生把已有的知识关联起来，进而提出新的学习课题与问题。这样可以诱发学生进行新的探求和思考，扩充新的知识，丰富经验，使学生能够掌握新知识和技能。

（七）知识实用性原则

篮球教学内容的优化创新要遵循实用性，而不能只是纸上谈兵。优化后的教学内容必须要在实践训练和教学中真正发挥作用，也就是说，篮球教学内容的优化创新要对学生和教师都有实用的价值。

举例来说，教材的编写仅仅是编者主观的产物，但编者一定要妥善处理知识的条理性问题、基础性问题以及关联性问题等，从而保证主观条件和客观条件相符合，只有这样才能获得预期效果。教材的实用性具体反映为篮球教学内容的范围、顺序以及要求能否对师生产生积极作用。

二、优化高校篮球课程教学内容的策略

要想从根本上解决高校篮球教学内容中出现的问题，就一定要有效优化传统教学内容，优化策略如下。

（一）优化教学创新观念，培养创新人才

当前，篮球教学内容的组织必须及时更新观念，树立创新的理念，同时以社会变化和学生实际需求为基础，从而更好地对篮球教学内容进行优化创新，使学生在教学课中能够接触到最新的理念和知识。除此之外，在篮球教学过程中，篮球教师必须要确立学生的主体地位，使学生渐渐产生批判、质疑、创新的意识。作为篮球教师要有教学创新的意识和观念，要尊重学生在学习中的"脑洞大开"，保护学生的好奇心，要针对具体的情境因势利导，使学生在这一过程中获得创新的观念、意识、思维、精神和能力。

（二）大力优化篮球课程教学的教材内容

教材内容是篮球教学内容的最主要的来源，教材内容往往具有较强的科学性和权威性。随着社会不断的发展进步，知识量的增长是爆炸式的，但进入教材内容的知识却不是无限的。因为篮球教材的编写环节、出版环节以及投入环节需要经历很长的周期，所以篮球教材内容难免会出现滞后于社会发展和科技发展的情况，基于此就必须及时优化和创新篮球教材内容。

篮球教材内容的创新主要包含篮球教材编写层面的创新与教师教学层面的创新这两个方面：从教材编写的层面来说，编写者将课程标准的基本思想充分领会掌握并将之反映在教材之中，所以说教材编写者也必须充分发挥自身的创新能力，从而为满足不同个性、不同标准学生而编写出具有不同风格和特色的教材；从篮球教师的教学层面来说，篮球教材内容的优化创新主要是指篮球教师通过合理的教学方法使教材内容成为篮球教学内容的过程，具体方式如下。

首先，重组和整合篮球教材内容，使其符合教学实际。传统的篮球教材内容往往是专家、学者按照特定的要求编写的，因此往往严密性和逻辑性很强。这种编写方式虽有利于教学，但容易脱离教育教学实际，不利于学生的理解和掌握。教材的课程内容需经过篮球教师的讲解，才真正成为教学内容展现给学生，因此在教学过程中，教师可根据教学目标和实际情况对教材内容加以取舍，删减掉其中落后、冗余的内容，将随着时代发展而来的新生事物补充进来。

其次，设置一定的情境，使篮球教学内容背景化。对教材中一些难以理解的抽象知识，教师可通过设置教学情境，或更多地让学生了解该知识点相关的背景知识，从而降低理解的难度，学生便更易掌握。

最后，将篮球教学内容过程化。篮球教师在教学过程中要将篮球教学内容过程化，也就是说，要注重介绍知识的产生、发展和应用等内容，注重引导学生通过观察、调查、研究等方式得到问题的结果，同时课程中还要注重情感、态度、价值观的渗透，使学生除了技战术及理论的学习过程之外，也能全方位地发展。

（三）改善对篮球课程资源的开发效果和利用效果

课程资源在进入课堂后，才能在教学层面产生应有的作用，才能将其价值与意义充分彰显出来，开发和利用篮球课程资源的方法如下。

1. 调动一线篮球教师的主观能动性，改善开发和利用的效果

目前，课程资源缺乏是篮球课程资源开发中遇到的最大问题，也是篮球教师面临的困难。造成篮球课程资源缺乏有很多原因，其中一个最重要的原因就是教师课程意识的缺乏，同时也没有意识到他们自身也是很重要的课程资源。一般人认为，课程资源的开发和利用应该由专家、学者负责，篮球教师则与此无关。而课程改革对篮球教师提出的新的挑战和要求就是要求他们具有课程开发的专业素养和能力。除此之外，篮球教师往往还有决定着课程资源的鉴别、开发、积累和利用的能力。因此，积极调动一线篮球教师的积极性，从而有效开发和利用篮球教师课程资源是很重要的。

2. 基于调查结果确定篮球课程资源的开发类型和开发方式

首先，通过进行社会调查确定或揭示当代社会对篮球人才素质的基本要求，了解当前可供开发和利用的篮球课程资源，这个调查必须广泛，涵盖涉及篮球教育的各个层面；其次，通过进行学生调查来明确学生对于篮球课程资源的需要和兴趣以及能起到最大作用的课程资源是什么；最后，在明确了开发、利用什么样的篮球课程资源的基础上，进行篮球课程资源开发、利用的具体措施的制订，从而确保篮球课程资源高效、顺利、切实地融入篮球的教学层面，为篮球教师的教学和学生的学习、发展服务。

3. 建设特色鲜明的学校篮球文化

学校篮球文化的主要目的是作为非学术性的隐性课程发挥作用，所以培养和塑造学生人格在为期较长的潜移默化中发挥着显著作用。

（四）改善对学生资源的开发效果和利用效果

对学生资源的开发和利用关系到篮球教学目标的确立、教学内容的组织、教学实施的方式等重要因素。篮球教学课是为了学生的发展而存在的，而进行课程改革也是为了学生能够更好地发展。学生作为重要的篮球课程资源，对其重视程度应该加以提高，篮球课程的教学内容选择和组织必须充分地考虑到学生的身心发展水平，同时结合不同学生之间在兴趣、爱好、认知水平、心智水平等方面的差异。因此，在开发和利用学生资源时，必须及时更新理念，尊重学生的个体差异，给予学生在教学中的主体地位，最大限度地挖掘学生的潜能，通过合理的开发利用，使学生成为篮球教学内容的直接的教学资源。

（五）采取多元化措施提升篮球教师的素质

提升篮球教师的素质是优化高校篮球课程教学内容的重中之重。在体育教育改革的形势下，篮球教师的课程意识必须比以前更加拓展，篮球教学内容变得更加开放、不确定，这显示篮球教师必须成为篮球课程资源的开发者和课程创新者，这是对篮球教师主体性和创造性的尊重，同时也对篮球教师提出了严峻的挑战。篮球教师能否承担此重任，能否在这样的情况下实施有效的教学，都取决于教师的素质和能力，所以说当务之急是采取多种措施来提升篮球教师的素质。但必须正视的现状是现阶段广大篮球教师的现实情况和教育改革提出的要求存在很大差距，实现预期目标还需要很长时间的努力。

第二节　高校篮球课程教学方法的优化

一、优化高校篮球课程教学方法的原则

语言、实物、实践是构成篮球教学方法的主要因素。首先，言语是教师和学生实现交流的最有效的沟通媒介；其次，就实物来说，高校篮球课程教学不能没有必需的器材设备，篮球教学课上的器材情况也制约着教师教学方法的实施；最后，篮球教学的最大特点是实践性较强。因此，只有把语言、实物、实践三个因素有机地结合起来，才会发挥教学方法的最大作用。在综合分析构成教学方法诸因素的基础上，对篮球教学方法进行优化和创新必须遵循以下几项原则。

（一）科学性原则

科学性原则对优化高校篮球课程教学方法提出的要求如下。

1. 教学方法的优化要符合教学规律

篮球教学的突出特点是教师必须通过各种身体练习进行教学，从而达到提高技战术水准、增强体质的目的。这项特点决定高校篮球课程教学必须遵循动作形成规律和人体生理活动规律，具体如下。

（1）动作形成规律。动作形成可以分为掌握动作、改进动作、巩固与运用动作三个阶段。

（2）人体生理活动规律。人体的成长发育受很多条件的影响，最重要的是个体因素、社会因素和篮球运动训练因素。

2. 教学方法的优化要遵循教学客观原则

（1）自觉积极性原则。

（2）全面发展原则。

（3）合理的运动负荷原则。

(4) 循序渐进原则。

(5) 巩固提高原则。

(6) 统一要求与因材施教相结合的原则。

3. 教学方法的优化要依据教学目的

高校篮球课程教学的目标就是指教学过程中需要达到的目标。具体来说，一是促使学生身心健康的全面发展；二是教授学生篮球技战术和相关理论知识；三是培养学生在精神层面的进步。

4. 教学方法的优化创新要符合教学内容的要求

选择高校篮球课程教学内容的依据是教学目的，所以优化创新应当遵循以下原则：第一，教学内容的优化创新应适合于所有健康的学生；第二，教学内容的优化创新能直接改善和发展体质，并且教育学生能够独立从事篮球运动的练习；第三，教学内容不应只是在校时期有效果，而且在学生未来的整个生活中都应当起作用。

（二）直观性原则

直观性原则的理论基础是辩证唯物主义的认识论和心理学中的感知规律，高校篮球课程教学的直观形式有实物直观、模像直观、语言直观等，这些方法在教学中互相协调、互相补充。在教学过程中，篮球教师应要求学生细心观察示范动作，认真听取技术要领和方法，学生通过教师生动的讲解并结合自身的技术经验和思维感官模式，在头脑中建立直观生动的表象。具体来说，篮球教师贯彻直观性原则的注意事项如下：

(1) 对运用直观性原则的要求和目的有清晰的认识。

(2) 充分发挥篮球教师本身对学生的直观作用。

(3) 严格依据学生的实际情况。

(4) 恰当地运用模像直观手段。

(5) 篮球教师的语言要生动形象。

(6) 直观性原则要贯穿于教学的全过程。

（三）多元性原则

构成和影响篮球教学方法的因素是动态性、复杂性和多样性的，所以这就直接决定了篮球教学方法优化与创新的多元性。对于多元性原则可以从两个方面理解：一方面，篮球教学方法的使用和选择决不能固定不变；另一方面，任何一种教学方法的选择和运用都具有继承性。

由此不难得出，高校篮球教师运用和落实多元性原则，既要掌握教学方法的共同规律，又要从实际出发，创造性地选择和运用教学方法，此外要综合运用多元教学方法。

（四）系统整体性原则

当前篮球教学中的教学方法无论是在理论的论述还是实际的运用上都是被机械地割裂

开的，研究和运用也相对浅薄，从而带来较大的片面性。现代教学方法应是一个体系化的一般教学方法。每种方法作为一个要素，均有各自的特点、范围和条件。简单来说，多种教学方法之间存在着相互联系、相互借鉴、相互启发、相互促进、不排他、部分复合的关系。

（五）持久有效性原则

在篮球教学中，运用尽可能少的时间和较少的资源，完成尽可能多的教学任务，达到较好的教学效果，并以此减轻教学负担，提高学习效率，促进学生全面发展。与此同时，通过这样的教学形成的效果往往是持久有效的，也能使这种教学方法组合持续稳定地发挥作用。

（六）灵活创新性原则

从根本上来说，篮球教学不是一成不变的，在高校篮球课程教学中死板地套用教学方法来传授有关的教学内容并不能获得预期的教学效果。一方面需要教师熟悉所运用教学方法的操作形式和特点，另一方面教师应当参照学生特点、教学条件以及教学目标，灵活运用适宜的教学方法。教无定法，创造新法，篮球教师在高校篮球课程教学中应当全面而深入地了解教学规律，主动完成对各项教学方法的优化工作。

（七）从实际情况出发原则

篮球教学是由教师的教和学生的学所组成的双边活动。因此，在进行教学方法的优化和创新时要充分考虑到教师和学生的双重因素，从教师和学生两个方面的实际情况出发，合理地对教学方法进行优化创新。从学生实际出发，要求教师掌握学生的心理特征和了解学生的知识基础。

高校篮球教师贯彻从实际情况出发原则的注意事项如下：首先，要深入开展调查研究，切实掌握学生的具体情况，篮球教师要通过各种途径和方法了解学生对篮球教学课的各种情况，不仅要了解学生的普遍情况，还要了解个别学生的特殊情况，分清其中各种的有利因素与不利因素；其次，要针对学生的实际情况，确定教学的具体要求，教学要求过高或过低都不利于学生的发展；最后，要把一般要求和区别对待充分结合起来，一个班级中绝大部分学生的年龄、体质、身体发展和篮球基础都是相似的，但也会存在少部分学生与大多数学生有明显差异的现象，这就使得教师必须在一般要求的基础上，注意个别对待，因材施教。

（八）统一要求与因材施教相结合的原则

篮球教学一般采用班级授课制，班级是学生的学习集体，班级教学有着统一的规范化要求。但在学生掌握的基础知识和技能水平等多个方面差异的影响下，统一要求有很大可能会弱化学生个性的培养效果，对充分发挥学生特长产生负面影响。由此可见，篮球教师在统一要求的基础上应当因材施教，运用这项原则的注意事项有以下几点：

（1）深入了解学生是运用这项原则的基础。传授知识和技能是在篮球教师的统一教学中进行的，篮球教师要深入了解学生的体质、健康状况、技能水平和个性特征，不了解学生这些特质会导致篮球教学的因材施教陷入盲目状态。

（2）"面向中间，兼顾两头"是贯彻这一原则的主要方法。所谓"面向中间，兼顾两头"，即在了解学生身心特点的基础上，篮球教师应主要面向大多数具有共性特征的学生。而对少数具有个别特点的学生则要给予兼顾，使基础差的学生能逐步跟上，而对天赋超强的学生要使其能够充分发挥其专长。

（九）教学理论指导下的试验先行原则

教学方法具有很强的实践性，这项特点要求篮球教学方法的优化创新必须坚持试验先行原则。在探讨教学方法的创新时必须首先进行个别的或局部的试验，经实践证明有实施价值的教学方法，才能让更多教师使用。教学方法的试验与实践，一定要在教学理论的指导下进行。因为一定的教学方法在特定的教育理论、教育思想指导下才能够形成，所以篮球教师必须认真研究教学理论、教学思想，在正确的理论和思想的指导下，进行教学方法的优化创新。

篮球教师运用和贯彻教学理论指导下的试验先行原则必须做到的是：在实践中科学地应用教育教学理论，同时教学方法只有经过成功的试验才能采用，教学方法的试验一定要在教学理论指导下进行，决不能盲目实验。

二、高校篮球教学中教学方法的创新选择与组合

（一）根据学生实际水平、学习兴趣采用分层教学

在高校篮球课程教学中，学生的体能、学习方式、意识、技战术、个性特征等方面存在着较大的差异，普通教学方法无法适应教学要求，教师教学时需要在普通教学法的基础上采用分层教学法，对篮球选项课教学进行新的探索。针对不同素质学生的学习能力，设计不同层次的教学目标，根据教学目标，提出不同层次的学习要求，给予不同层次的帮助，进行不同层次的评价，从而使每个学生都在各自原有的基础上获得相当的进步，培养学习兴趣，提高教学质量。

（二）创设情境，营造氛围，采用情境式教学

在高校篮球课程教学中，情境教学法是一种新型辅助教学方法，在教学中能充分发挥教师的主导性和学生的主体性，激发学生学习兴趣，使学生在掌握基本的体育知识、基本技能外，有效提高体育运动成绩。与此同时，教师在运用情境教学法进行教学时严格遵循基本理论基础，依照学生的身心发展特征，结合不同学生的实际情况，设计出科学合理的情景教学模式，否则学生容易产生厌烦情绪，影响学习兴趣。

（三）注重个性培养，加强团队协作，采用比赛教学

所有竞技运动项目在最终都会回归到比赛中去，篮球运动同样也不例外。精彩的篮球

比赛总是能够让人热血澎湃。因此，在篮球教学中根据不同的教学内容和教学阶段穿插引用比赛教学法有助于提高学生学习兴趣，同时有助于在实践中强化技能，高效培养心理素质和团队意识。例如教师可以在基本运球、投篮、传球练习中采用分组比赛的形式进行练习。以组为单位，或者两人一组，进行相互对抗性练习，以抢到对方球，同时保证自己不失球为规则进行比拼。在投篮中采用各个位置的投篮组合形式，以命中率为标准进行竞争。同样运球练习以小组为单位，进行三人或者多人配合传球练习。组织不同的教学形式可激发学生练习的兴趣，同时提高学生学习兴趣，培养团队协作意识。

三、优化高校篮球课程教学方法的策略

在篮球教学过程中教学方法的作用毋庸置疑，所以在篮球教学方法的优化创新过程中，篮球教师需要多加反思目前篮球教学课中存在的问题，并探讨出创新的解决策略。

（一）篮球教学方法多元化策略

在篮球教学中，无论是技术还是战术，复杂性都很强，因此，教师在篮球教学课的教授过程中必须选择多元化的教学方法，不能死板地固守一种或两种教学方法。仅仅依靠单一的教学方法进行篮球教学难以达到篮球的教学目标，这就要求教师在篮球教学中对篮球的教学方法进行多元化的优化创新。

（二）篮球教学方法的最优化策略

恰当的教学方法和篮球教师合理运用这些方法是教学过程两个不可忽视的关键点。对于教师来说，在实际的篮球教学方法优化创新过程中，要将教学方法优选标准的系统性和操作性同样重视起来。篮球教师教学中的系统性有助于教师进行整体把握，而操作性无疑使篮球教师在教学过程中的实际操作更加方便。

（三）篮球教学方法的现代化策略

把现代科技作为教学媒介，同时在此基础上完成推广使用，有助于增强学生的篮球意识。在高校篮球课程教学中，如果篮球教师可以高效应用现代科技带来的先进成果，学生在学习中所表现出的主动学习的意向、学习的愉悦感、学习的动机都会增强。

基于此，在科学技术快速发展的当下，篮球教学方法的优化应当和现代科学技术充分结合起来，由此推动现代科学技术更好地服务于高校篮球课程教学。

（四）篮球教学方法合作化发展策略

合作化就是指以合作学习法为基础来进行教学方法的优化创新。随着社会的飞速发展，篮球教学方法在自身体系中，逐渐重视各教学方法动态要素之间的紧密合作，通过这种合作达到一种动态生态平衡。这种融合了各种教学方法优势的合作，不仅能够提高篮球技战术水平和理论知识储备，更能够培养学生互帮互助、团结友爱的良好的道德品质。现代社会的多元需求不单单对学生的技战术水平提出了很高的要求，也十分重视学生的合作

意识和非认知品质。

第三节 高校篮球课程教学模式的优化

一、优化高校篮球课程教学模式的必要性

（一）学生身心发展和个性发展的需求

目前，高校篮球教学依旧没有摆脱传统的教学模式，这不符合时代发展的需要以及学生对篮球运动学习的新需求。在新时期背景下，高校首先要明确篮球教学理念，加大教学改革力度并不断优化和创新现有的教学模式，重视学生身体素质和心理健康的培养，并充分尊重学生的个性发展趋势，进而逐渐形成本校篮球教学的新特色和新途径。还需要说明的是，高校篮球教师应当充分尊重广大学生对篮球教学的多样化需求，从根本上提高校园篮球文化的构建，由此保证高校篮球课程教学逐步演变成提高大学生篮球技能水平和培养篮球运动兴趣的重要阵地。

（二）素质教育和终身体育的迫切需要

篮球运动在大学生群体中拥有较为广泛的基础，是大学生课外文化活动的重要组成部分。然而现有的篮球教学模式显然不适应学生对篮球运动的进一步学习与运用，以致形成学生喜欢篮球却不爱上篮球课的困境，进而导致大学生对目前篮球教学模式的怨声载道。

基于这些情况，篮球教学改革已经成为大势所趋，优化与创新现有的教学模式不仅会提高学生的全面综合素质，而且随着学生篮球技能的提高和参与的逐渐加深，学生会自发地进行篮球学习、训练和比赛，进而从对篮球的浅显爱好逐渐转变为持久的篮球兴趣与动力，最终提高学生终身体育的意识和行为。

二、优化高校篮球课程教学模式的策略

（一）坚持健康第一、以人为本的教学宗旨

在新时期背景下，高校篮球教学的一项重要任务是增进学生身心健康，在快乐体育教学的氛围中激发学生对篮球运动的参与和投入，进而培养学生终身体育的意识。因此，优化和创新篮球教学模式一定要秉承以人为本的教育宗旨，尊重学生在教学中的主导地位，并从教学实际出发，关注学生变化和个体差异，确保学生全面受益。健康第一、以人为本的教学宗旨是当今高校篮球教学改革的根本方向和目标，同时也是完善与改进教学模式的主导思想。

（二）实施互动式篮球教学模式

（1）高校篮球教学还要进一步树立健康第一的思想，进而制订出行之有效的篮球教学

改革方案，每一阶段教学目标的设置要层层细化，并根据教学实际严密改进，从而把教学目标转化为师生之间有效互动的具体行为。在教学模式优化中，篮球教师要不断创新教学管理新途径，加大互动式教学模式的应用，从而有效带动学生参与课堂教学的兴趣和积极性。

（2）灵活安排教学时间，最大限度地满足学生篮球锻炼的需求，不断丰富和增设新式教学手段以提高篮球教学的趣味性，促使学生在轻松愉快的学习氛围下展开学习，这将极大促进篮球教学效果的提升，而且篮球教师也能够高效地完成篮球教学目标与计划。

（3）篮球教师要结合不同学生的自身特点实施篮球专项的训练与点拨，目的是让学生巩固和强化篮球基本技能，进而有针对性地提高专长，并从中掌握专业篮球和课下自我提高的步骤及策略，逐渐养成终身篮球学习的方法和习惯。尤其要涉猎与篮球专项相关的技能、战术、规则及裁判法则等篮球基本知识，为将来学生成为篮球爱好者或专业人才奠定坚实基础。

（4）互动式篮球教学模式的构建一定要遵循循序渐进的原则，在现有教学模式的基础上逐步推进，进而实现有效衔接，这对于整体提升篮球教学文化和质量，具有不可替代的作用和意义。

（三）全面深化高校篮球教学模式改革

（1）要合理设置和安排各年级篮球课程的类型、顺序和学时分配，确保场地及器材能够有效满足篮球教学，并根据实际学情，加大对篮球场地的质量建设及日常维护。

（2）学校要强化对篮球专业教师的优化培训，不断提升教师的专业素质和教学能力，以适应新时期高校篮球教学的需要。篮球教师还要不断探索和总结教学经验，与时俱进，进而提高篮球教学的效率和质量。

（3）所谓"兴趣是最好的老师"，教师在优化和创新篮球教学模式中一定要从实际出发，充分参考学生对教学改革的呼声，不断利用本校篮球教学的自身优势，进而逐步满足学生对篮球教学的愿望，最终有效提升教学效果。

（4）创新教学模式还应进一步完善网上选课系统，确保学生选课的动机是在自主、自愿的原则下，从自身的兴趣爱好出发。而且考核的创新要从多元化入手，在测评学生身体素质的基础上重点强调兴趣项目的设置，并适当降低考试难度，适当增加趣味性考核项目。

从整体来说，我国高校篮球教学模式的改革是一项需要很长时间才能完成的任务。在崭新的时代背景下，优化与创新工作是推进高校篮球教学发展的首要途径。各高校和篮球教师要不断提升对先进教学方法和教育理念的应用与转变，并坚持不懈地探索、调整和改进，在充分重视多元化教学模式构建的基础上，逐步强化小团体式、尝试式和领会式等创新教学模式的应用。可以相信，高校篮球课程教学一定会逐步实现跨越式发展目标，同时能从根本上推动大学生身心全面发展和综合素质大幅度提升，有效夯实学生参与终身体育的基础。

（四）构建"小团体式"教学模式，激活教与学的积极性

教与学的推进不应当把教师当成主体，相反要着重突出教学的互动构建，在教师和学生相互沟通以及学生和学生相互沟通的过程中使教学质量得到大幅度改善。就高校篮球课程教学来说，学生在绝大多数情况下最需要的是问题的探究和交流，小伙伴在学习过程中的重要性被置于关键位置。因此，构建"小团体式"教学模式更多强调合作式教学的组织开展，教师和学生之间以及学生与学生之间的沟通和交流具备良好的内部基础，具体要求如下。

（1）"小团体式"教学模式，以学生为主体，篮球教师应做好学生分组的工作，教师应针对学生的实际情况科学划分小组，并明确各小组成员的角色，组长负责小组活动学习的开展。

（2）以任务驱动为导向，通过学习任务的创设，激发各小组在任务完成的同时，能够更好地学习理论知识，并在实践中得到良好的技巧联系。因此，"小团体式"教学模式的实现，应将合作教学与任务驱动教学有机结合，激发学生参与学习的同时，也让各小组在任务的完成中，更加团结、紧密在一起，出色地完成学习任务。

（3）注重教学信息的反馈及激励，通过小团体之间的互动交流，强化"个人自评"＋"小团体互评"等方式的落实，让篮球教学以学生为主体，注重教学质量的提高。

（五）构建"尝试式"教学模式，体现"教师为主导、学生为主体"的教学理念

在现阶段，优化高校篮球课程教学模式必须彻底突破传统教学的禁锢，并在此基础上利用崭新的教学理念和教学模式来支撑篮球教学的改革与发展。具体到构建"尝试式"教学模式的工作中，具体任务就是转变传统"传习式"教学的弊端，突出"学生能尝试、能创新、能成功"。由此不难发现，"尝试式"教学模式侧重于强调学生的主体地位和教师的主导作用，具体如下。

（1）教师作为学生学习的促进者，主导教学的推进。教师指导学生尝试学习，并在尝试中不断地自我完善，进而形成自我的学习体会与心得，这对于学生创新性学习能起到重要作用。

（2）在尝试的基础之上进行尝试性练习，让学生在"尝试＋游戏"中，获取练习的乐趣，消除传统单一教学中学生学习兴趣不高、参与不积极的问题，为有效教学构建良好的教学氛围。

（六）构建"领会式"教学模式，培养学生的认知能力

虽然篮球运动的普及程度高且深受学生欢迎，但是学生对篮球运动的了解深度比较浅，篮球教师应保证各项教学实践活动达到整体性要求，通过多种方式方法使学生对篮球

形成全方位的认识，所以说"领会式"教学模式就是反复强调篮球动作技术，同时着力培养学生的认知能力。从整体来说，在"领会式"教学模式下，教学内容项目化，从技巧演示、战术意识培养，到能力训练和动作完成，都是在"强化＋反复"训练中实现的。

（1）传统的技巧练习法把教与学过于分离，不利于学生学习的指导，也弱化了反复强化练习的重要作用，而"领会式"教学模式从教学的整体出发，避免了传统教学中教与学过于分离的弊端。

（2）着力于学生战术意识的培养，让战术意识贯穿于整个教学训练当中，更能规范并指导学生的自由练习等环节。

（3）优化比赛形式，在实战比赛中更有助于培养学生的认知能力，也有助于学生理解各项篮球技术。学生学习篮球运动的过程就是自我灵活和积累的过程，而"领会式"教学模式恰恰是在突出学生主体地位的基础上，全方位培养学生的意识和能力等。

第四节　高校篮球课程教学评价的优化

一、高校篮球课程教学评价的步骤解析

篮球教学主要是通过篮球教师来实施的，教学效果则要通过学生的发展来判断，所以说学生发展与篮球教师教学的评价是篮球教学评价的主要内容。

（一）学生发展评价

1. 明确学生发展的评价内容与标准

篮球教学评价工作的第一步是明确评价内容和评价标准。对于学生发展评价而言，评价除了要注意知识的传授，还必须强调形成积极的、主动的学习态度，使学生在获得基础知识和基本技能的过程中，能够学会并且形成正确的价值观。

2. 设计评价工具

根据篮球评价的内容与标准，就可以设计和制作相应的评价工具。在大多数情况下，这些评价工具通常以评价表的形式表现。

3. 收集和分析篮球教学课数据

就学生发展评价而言，不仅要有反映学生技能和知识等学业成就的评价表，还要有反映学生学习过程与学习态度的评价表。

4. 明确促进学生发展的改进要点

严格参照学生学习情况的分析报告，能够比较全面地掌握学生的优劣势，并在此基础上提高改进学生学习的具体要点，帮助和指导学生制订出有助于实现预期目标的计划。

5. 评价学生发展的注意事项

第一，期末考试只是教学评价的一种方法，要将考试与其他教学评价的方式方法有机

结合、灵活运用；第二，要改变把技能考试当作考试唯一手段、过分注重等级、过分注重量化的做法，尽可能减轻考试对学生的压力；第三，篮球教师应当向学生详细地分析和说明每位学生的考试结果，严禁将学生的考试成绩设定为标示学生类别的标签。

（二）篮球教师教学评价的程序

篮球教师教学评价旨在从根本上提高教师教学水平，在评价过程中需要自觉发挥教师自我评价的作用，促使教师在最佳时间段内深入分析和反思自身的教学行为，由此从根本上提高教学水平，具体包括以下几个程序。

1. 明确篮球教师教学评价的内容与标准

篮球教师是篮球教学课的组织者与促进者，同时也是篮球教学课的开发者和研究者。篮球教学实施的过程，也是篮球教师对课程进行研究与开发的过程，因此篮球教师的教学应该极富创造性，其创造性发挥的基础是全面了解学生、研究学生，并在此基础上设计教学目标、优化课程资源、对教学评价进行创新。

2. 设计教学评价工具

通过对篮球教师教学的评价内容和评价标准进行分析，可以为全面了解篮球教师教学的优势和不足提供有价值的信息，而其评价工具就是评价表。

3. 收集和分析反映篮球教师教学的数据与证明

要采取多种方法全面收集并分析篮球教师教学的数据与证明，从而对教师教学的优势与不足进行概括性描述。明确教师教学改进的要点、收集和分析篮球教师教学的优劣势，旨在帮助篮球教师做到扬长避短，保证篮球教师能把自身的教学优势充分发挥出来，指导篮球教师制订出改进和提高的相关计划。

二、优化高校篮球课程教学评价的策略

篮球教学创新需要评价的优化创新，需要对评价方法、评价标准、评价主体的等各方面进行优化来共同推动，要实现这种转变就要采取相应的优化策略。

（一）发展性评价策略

篮球教学评价的创新应突出强调以人为本的发展性价值取向，尤其是关注师生作为"整体的人"的发展，统整师生的生活世界与科学世界，寻求学生主体知识的建构。

1. 树立教师发展理念

在目的上，篮球教学评价应该以注重发展为导向，强调评价的形成性功能的发挥。传统篮球教学评价强调学校、班级组织目标的实现，但容易忽视个体目标的达成。篮球教学评价的优化创新需要关注篮球教师当前表现，根据其现有基础和教师个人发展目标，对教师进行指导或提供进修的条件，从而提高篮球教师的能力，完善教师的发展。

2. 以学生的发展为评价的核心

学生评价是整个篮球教学评价中的重点。这要求教学评价要充分体现学生的心声和意

愿，课的好坏，学生亲身体会，是最有发言权的，所以说要把学生评价贯穿于整个篮球教学评价过程中。学生是学习的主体，也是评价的主体，任何评价都应该围绕以学生全面发展为本的指导思想开展教学工作，要正确看待学生的个体差异，在评价时从各个方面进行全面的评价。以学生评价为核心的篮球教学评价，变单一的教师评价为教师评价、学生自评、学生互评、外界评价等多元评价的结合，使学生由被动受评者变为主动参与者，篮球教师也变成学生评价过程中的合作者。

3. 重视发展性评价的正面导向作用

在高校篮球课程教学中，教学评价对绝大部分学生的学习行为都会产生深远影响。篮球教学评价强调在发展观上创新，努力将篮球教学中完整的人当成自己的评价对象，并通过客观真实的评价促进学生的全面发展。与此同时，主张通过评价实施因材施教，以满足不同学生的个性需求为出发点，评价学生各自不同的发展过程。这些评价能够激发他们不断努力、积极进取，以达到更高的目标，所以说篮球教师应充分调动评价的积极反馈功能，选取有利于篮球教学课朝着积极有利的方向发展的优化策略。

（二）自我接受评价策略

篮球教学评价优化创新的重点之处就是要充分重视学生在评价过程中的作用。从本质上来说，自我接受的评价是一种被评价者主动对自身价值进行评估的过程，也就是评价的结果要对自我能产生价值，这种价值是自我选择的结果。对于高校篮球课程教学来说，能够把自我接受评价划分为学生和教师自我评价两种类型。自我接受评价的策略主要呈现出了以下几个特点。

1. 评价的互动性

自我接受评价要求自我主动参与，并不否认来自外界对自我的评价，要求双方进行互动，将评价连接起来，这就需要相互合作来确定篮球教学的评价标准、内容、需要达到的目标及执行评价和处理评价结果等。

2. 个别性的评价

评价的目的是为了改善，为了每个学生能够找到适合自己的学习方法，或者为了每个篮球教师都能反思自己的教学方法。这种评价采取个别化、针对性的方式对个别的教学参与者进行评价。篮球教学评价的个别化必须能够使被评价者主动接受。

3. 以自我接受的标准进行教学

篮球教学是以一定的标准进行的，师生在达到标准后可以自行决定是否能进入下一个阶段。自我接受是用标准去适应学生，而不是让师生适应千篇一律的适应标准。

（三）多元合作评价策略

高校篮球课程教学评价主体来自于不同层面的群体。实现主体多元合作既能使篮球教学的评价具备显著的客观性特点，也能从多个维度掌握各个评价者的综合信息，还能综合不同群体的视角，从一定程度上保证篮球教师更好地服务于教学。

1. 建立评价的主体体系

在篮球教学评价的多元评价主体群中，可以把用人单位同行教师、家长、学生、教学管理部门等各个方面都纳入评价主体体系，以充分了解各方的意见和建议。在对篮球教师的评价方面，教研部门、行政部门、教学专家对整个教的评价过程应起到主导作用。在对学生的评价方面，起主导作用的则应是教师，而家长和其他社会力量则对评价起配合作用。从整体来说，篮球教师和学生无论是评价别人或者被别人评价时，都应直接参与到评价过程中，从而达到整个篮球教学的持续创新和发展的目的。评价的多元合作的前提是评价主体多元，将传统的评价行政权分派给其他可以参与评价的人员，并且在篮球教学环境中可实行多主体共同对教学进行评价。

2. 形成多元合作的风气和机制

多元合作的篮球教学评价，应该形成一种长期的、长效的评价习惯，并结合教学实际制订方案，从而形成合作评价的制度化。

（1）尊重多元主体。篮球教学参与者应积极主动地以一种欢迎的心态，尊重多元主体共同来参与篮球教学评价，为多元主体参与评价提供安全的心理环境。

（2）形成定期和不定期结合的评价制度。从根本上来说，高校篮球课程教学评价是构成高校篮球课程教学的一个组成部分，评价的目的不只是局限于检查课程，更重要是实现相应的发展目标。定期的评价会为各方面的主体提供准备的时间，而进行不定期的评价能使评价主体体现出一种更加自然的、更加真实的评价情境，为情境性测评的开展提供机会。由于两种方式自身独特的作用，应将两种评价方式结合起来，形成教学评价的优化创新的新形式。

（四）信息化、服务化评价策略

篮球教学评价具有提供信息的作用，所以它不仅仅是简单的鼓励学生学习或者评定成绩等的手段。每一次评价都可以视为对被评者的一次教育和引导，所以篮球教学评价对于教学活动有重要的服务作用。因此，篮球教学评价要重视评价的信息反馈作用和服务教学的作用，必须有利于教师进行自我反思与完善，有利于教师在今后的篮球教学中进行自我调控与更新，有利于学生对篮球教学体验和自身学习行为的反思，使师生的创新思维得到进一步的发展。

（五）将评价贯穿于整个教学过程的始末

就当前来说，诊断性评价、形成性评价和期末评价是高校篮球课程教学的三种评价方式，但相关调查表明，为数不少的高校只采取期末评价的形式，这三种评价方式的具体内容如下。

1. 诊断性评价

诊断性评价就是在课程开始之前对学生的身体素质、技术水平、理论素养等方面进行初步诊断,以期为以后的教学提供参考,使教师的教学能够因材施教,做到有的放矢。诊断性评价的作用不仅限于对教师的参考作用,也可以让学生清楚自己的实际水平,以便在今后的学习中有针对性地解决在篮球课中将面临的问题。需要补充的是,借助诊断性评价能够促使学生更加全面地、客观地了解自身和及格、良好、优秀等成绩的差距,对学生学习篮球运动产生激励作用。

2. 形成性评价

形成性评价是在学期开始后,离学期结束还有一段时间时对学生进行评价的一个阶段,是阶段性的检验方式。形成性评价可以在学期中通过信息反馈,使教师总结前一阶段的教学,检验学生学习的效果,以便及时调整教学方法、内容、手段,更有效地调控和改善教学过程,使之朝预期的目标发展。除此之外,形成性评价也可以让学生了解阶段学习成果,一方面认识到自己的差距,另一方面也使学生通过对自己进步的状态产生一定的成就感,激发学生学习的兴趣和热情。

3. 期末评价

调查和分析现阶段高校篮球课程教学会发现,期末评价是很多高校篮球课单一运用的一种评价方式。发展至今,期末评价深受竞技体育的影响,检验的内容和方式都很单一,已经不适应当前的大学体育教育,所以说改革期末评价内容和期末评价形式是当务之急。期末评价最主要的作用就是检验,是对整个教学过程的全面评价,包括对教师的教和学生的学的全面系统的评价。期末评价对于教师是一个教学目标,对学生而言就是学习的目标,因而期末评价对师生都具有潜在的促进作用。在进行公共篮球课的教学过程中,可以在校园网站或是教学概览等教学媒体上公布期末的考核内容、形式以及标准,让学生以此为参考,明确努力的方向,以达到促进学习的目的。

(六)评价指标的设计应多样化、趣味化

当今高校学生对体育课的需要体现在锻炼、娱乐、交际等方面,而不是像全面提倡竞技体育时代那样把技术的教学作为重中之重。因此,高校的公共篮球课教学应该把目标定位为在有限的时间内对学生起到锻炼身体、提高锻炼兴趣、促进交流、培养终身体育观念的作用。评价就是判定有无达到教学目的的一项重要标准,这就对评价的系统提出了相应的要求。这里以健身、交际、培养终身体育观为目标对篮球课的评价指标做了多样化、趣味化的重新设计,力图让学生乐于接受考核,从考核中发现问题,通过考核提高成绩。

考核指标设计的动作应涵盖篮球技术的方方面面,测定的内容以趣味性为主,目的是把学生的主观能动性充分调动起来,在此基础上全方位测定学生篮球技术、篮球素质的各个方面。从某种程度来说,这个设计彻底打破了传统意义上的测试理念,受到了广大学生的欢迎和喜爱,有大力推广和发展的价值。

（七）大力更新高校篮球课程的考试形式

1. 教考相对分离

在考评学生的过程中，可以通过平行班级的交换考试来实现教考分离，也可通过请其他班级的教师参与到考评过程的方式来实现这一点。通过对教学与考评的分离，可以避免教师在进行定性测定时对学生进行不客观的评定，让学生在考试中受到更加客观的评价，还能使学生更加重视篮球课程考评。

2. 交互评价、自我评价、个体纵向评价相结合

过去的考评系统都是单边模式，具体就是学生参考、教师参评并给出成绩。目前高校篮球课程教学的教学时数非常短，加上受近几年高校扩招的影响，参加篮球课的班级人数也大幅度增加，在短期内让教师对大量学生作品进行准确的评价困难不小，得出的结果也可能不很精确。因此，高校篮球教师应当把学生的交互评价、自我评价和个体纵向评价都作为评价手段，这三种评价方式的具体内容如下。

（1）交互评价。交互评价可以加强学生的互动，通过集体的相互评定来找到自己的优缺点，及时提高和完善自己。交互评价可以分成几个阶段来进行，即学期开始前进行一次，学期中进行两到三次，期末再做定论。采取这种方式能使评价和学生的表达直接挂钩，此外能及时得到体现。

（2）自我评价。目前高校篮球课学生多、场地少，每个学生在教师面前出现的次数有限，进而造成教师对学生了解不全面，学生个体自我表现也存在差异性，而学生对自己的了解往往较教师要多。因此，通过学生的自我评价，引导教师在评价的过程中有意识地对学生个体的优缺点进行有指向性的判断，有助于评价的客观全面。

（3）个体纵向评价。个体纵向评价是检验学生通过篮球课程学习，对篮球技战术和理论知识学习进步程度最有效的检验途径之一。高校学生来自全国各地，其身体素质、技战术水平、接受能力等方面存在巨大差异，而且当今对篮球课程教学的目标并不是以达到专业化的竞技水平为主，如果对学生进行大一统的考评方式，未免会挫伤部分学生学习的积极性。因此，把学生个体进步程度作为最后成绩评定的因素之一更符合促进学生热爱篮球运动、公正客观评价学生个体学习效果的需要。由于考评系统需要通过诊断性评价、形成性评价和期末评价贯穿于篮球课始终，因而个体纵向评价获得数据支持的可能性会更大一些。

3. 通过比赛的技术统计来考核学生

既然评价要贯穿于教学课的始终，那么比赛作为考评内容之一，也应贯穿于篮球教学的始终。比赛可以对学生产生很大的吸引力，通过阶段性比赛和准确测定学生的各项技术指标，能够推动学生有目的地、有计划地增强自身比较欠缺的能力。每次测试数据的提高都能使学生获得成就感，同时会提高学生的学习积极性；而每次数据的降低能够鼓励学生

尽全力追赶，同时使全班形成积极向上的学习氛围。

在实施比赛技术统计考核时，可以对比赛技术统计考核实行"标准分打分制"，这种制度类似于高考的标准分制。具体就是，将每项数据的平均得分设定为标准分，倘若高于标准分则会得到相应的加分，倘若低于标准分则会减分。这种形式的考核制度能有效预防学生单方面偏好某项技术，对学生技术的全面发展有显著的积极作用。

第七章　篮球心理素质训练

第一节　高校篮球意识的基本内容

一、篮球意识的概念及作用

（一）篮球意识的概念

所谓"篮球意识"，是指篮球运动员在从事篮球实践活动中经过大脑积极思维过程而产生的一种正确反映篮球运动规律性的特殊机能。它是篮球运动员在长期篮球运动实践活动的认识过程中提炼积累起来的一种正确心理和生理机能的反射性行动的总称，简而言之，是篮球运动员对篮球运动比赛规律客观现实的主观反映。

篮球意识被认为是篮球运动员最宝贵的"精髓"，是比赛中指导正确行动的"活的灵魂"。

篮球意识的形成有它一定的规律，需要经过较长时期科学的、系统的训练，并在无数次激烈的篮球比赛实践的磨炼下，不断地积累知识和经验而逐步形成。它随着运动员篮球技能的形成而产生，也随着篮球技术、战术的发展而提高，并形成自己的特点、规律和构架。可见，实践是"正确篮球意识"的源泉，"正确篮球意识"的形成是从感觉阶段的概念、判断到推理阶段的决断过程，反映到心理学上，就是从感觉到知觉的过程。运动员在比赛中行动的正确与否，绝大部分情况下取决于感觉、知觉和思维加工的正确与否，思维加工认识正确，形成的意识就强。回顾国内外许多优秀的篮球运动员在比赛中所表现出的那种超群才干，充分体现出他们良好的"正确篮球意识"。

（二）篮球意识的作用

球场上运动员一切正确的行动都是运动员在自身正确意识指导下的客观反映，篮球意识的作用可分为以下几个方面。

1. 支配性作用

具有正确篮球意识的运动员，能在训练和比赛中，以正确的潜在意识支配自己的合理行动，决断应变时机，自觉主动并创造性地根据已经变化或预测可能变化的情况，及时调整自己的思路与决策，从而更有针对性地、有效地发挥自己和全队的特长，表现出高度意识化的主观能动性作用和对篮球技术、战术与谋略运用的放大性作用，达到在激烈复杂的比赛对抗下始终把握全局的主动权的效果。

2. 行动选择作用

运动员在比赛过程中，某一时刻所意识到的攻守对抗情况不是笼统的，而是依据比赛分层次、分轻重缓急和有选择的。一般情况下，运动员首先意识到当时的攻守对抗态势，在纷杂的情况中重点意识到与自身行动意向最为密切的信息，进而做出准确的判断和选择，为选择攻守目标的个人战术行动做出正确的定向。

3. 行动预见作用

篮球意识不但是对比赛对抗现实情景的主动反应，而且可预见到攻守态势的下一步发展和某种可能。通过对攻守态势发展和可能的预测，来决定所要采取的个人战术行动，进而实现对技战术行动的主动调节。

二、篮球意识的特点

（一）潜在性

人的有目的、有意识的行动，是通过大脑思维对客观事物的反应，通过感觉、表象、判断而决定的。篮球运动员在比赛场上的行动，实质上是对比赛中出现的各种复杂情况，通过本身具有的篮球意识的推理、判断而做出决定的。运动员篮球意识的形成，是随着他在长期篮球实践活动中积累知识和经验的过程而发展起来的，并以观念的形式存在于头脑中，平时看不见、摸不着，具有潜在性。而在篮球比赛中，运动员所具有的篮球意识就会由潜在变为显形，并自觉地对运动员的行动起指挥作用。

（二）能动性

篮球意识的能动性表现在篮球运动员在行动前主动地反映攻守情况，并在意识的支配下积极地、创造性地调整自己的战术行为，既能使己方最大范围地限制对方的优势发挥，又能最大范围地发挥自身的技术优势、体能优势和其他方面的优势，并可使运动员在自己处于相对弱势的情况下，通过意识活动将自己在局部或个别环节上的优势放大，从而战胜在整体上比自己强大的对手。

（三）连续性

篮球比赛中的进攻和防守行动极少是单一性的，而常常表现为连续的攻守行动。运动员在比赛中的各种行动，都是在篮球意识支配下进行的。因此，运动员在连续的行动过程中，必然会产生连续的意识活动，以支配不间断的行动。一次战术行动的结束，往往就是下一次战术行动的开始，运动员进行思维和决策，必然要在获得特定的战术行动决策信息的基础上，经过分析判断方能最后做出决定。信息是思维过程得以进行的基本资料。没有各种信息，思维难以进行，这就要求运动员"意在动前，意在动中"，不间断地进行思维和决策。

（四）瞬时性

篮球比赛中，运动员的各种攻防行动常发生在转瞬之间，这就要求运动员的意识活动必须敏捷，即从观察、判断、思维到决策等一系列意识活动必须瞬间完成，否则，将会贻误战机。特别是在激烈对抗的情况下，运动员往往是运用直觉思维的形式来进行意识活动的，直觉思维具有非逻辑性、突发性、下意识性等特征，这些都表现出篮球意识的瞬时性特点。

三、篮球意识的形成过程

篮球运动员在比赛中的意识活动过程，实质是一个对比赛情景认识的过程。在这个过程中，运动员的篮球意识表现为意识和行动的相互作用。首先，是运动员的自我意识活动。时刻意识到自己在全队中的地位和作用，同时必须意识到在攻守双方对抗中以我为主的战略思想，还要意识到自己在对抗中所处的位置、条件和应该采用的行动方法，这是意识对行动实施调节作用的前提。其次，是意向指引下的积极行动。运动员在主观意向的指引下，意识活动时刻都在主动获取攻守情况变化和行动结果的反馈信息，进而在战术思维的参与下，选择更为有效的行动方法，当所采取的行动奏效时，效果信息将使意识得到进一步强化和提高。

（一）在训练比赛现实中的观察感知

感知是运动员意识到比赛现实客观存在的前提条件，没有感知就不可能产生意向和思维。篮球运动员主要是通过视觉观察的感知来获得场上信息。通常优秀篮球运动员都具有良好的观察能力，他们的视野范围超过普通人，这是多年训练实践反复磨炼的结果。另外，篮球运动员的观察感知具有选择性的特点。比赛中的诸多信息，可能同时进入运动员的视野，但不可能都被注意到。哪种信息首先被视觉感知，取决于它与运动员主观意识中比赛目标意义的相关程度。通常与目标意义相关程度高的信息，被首先感知到的可能性较大；反之，可能性则小。一般情况下，运动员在主观意向的指引下，首先感知到视野范围内的是那些与主观意向相关的攻守对抗信息，而对于其他信息则忽略不计。可见，篮球运动员的视觉感知受主观意向的指引，而视觉感知又是意识过程的必要条件。

（二）对抗条件下的思维判断与决策

篮球运动规律决定了比赛场上的情况瞬息万变，运动员的思维与决策行动必须与此相适应，要时刻意识到情况的变化。运动员在观察感知比赛情景的基础上，要求在瞬间完成对情况的分析、综合等思维过程，通过思维对情况做出准确的判断，进而做出行动的决策。这一过程是在瞬间实现的。具有良好篮球意识的运动员，通常能够对复杂的比赛对抗情况的不断变化进行准确把握，做到行动胸有成竹，大胆、果断、准确、自如。这是他们在多年训练和实战比赛中积累起来的高度精密的意识活动反映。因此，运动员的瞬时判断、思维与决策过程是篮球意识活动的核心，培养篮球意识必须重视围绕提高瞬时的思维与决策能力来进行。

（三）积极、合理、准确的行动应答

篮球意识对比赛的能动作用，表现在运动员能够针对场上情况及时做出准确合理的攻守行动应答。对比赛事态进行观察感知与思维判断的目的是进行决策和行动，因此，行动的合理性、积极性，是篮球运动员的意识水平和实战对抗能力的标志。在篮球意识与对抗行动的相互作用关系中，尽管行动是第一性的，但行动离不开意识的主导，行动只有在一定意识的指引下才能成为有目标的主动行动；否则，就会使行动失去目标，成为无意识的或是错误意识指引下的盲目行动。应该指出，意识主导下的行动需要一定的物质条件。比赛中运动员的行动受自身身体素质和机能能力的影响，当运动员身体机能不佳、出现过度疲劳而使体能下降时，行动会受到影响，常常出现"心有余而力不足"的情况。这种现象更进一步说明，在篮球运动的物质与精神、存在与意识关系中，物质与存在是第一性的，精神与意识是第二性的，没有物质与存在作为基础，意识与精神就不能发挥应有的作用。

四、篮球意识形成过程的影响因素

实践证明，与意识关系最为密切的心理因素是注意和记忆，同时行动也是影响意识的主要因素。篮球意识也不例外，它也受运动员的有意识注意、记忆等心理因素的影响。科学地分析篮球运动员比赛中的注意和记忆功能的特点，对于正确培养运动员篮球意识具有积极的意义。

（一）感知与注意

在篮球比赛中，运动员可通过多种渠道来感知场上攻守对抗情况的变化。例如，听觉、视觉和触觉都可以同时接收到来自场上的各种信息，然而哪些信息能够进入意识的领域取决于运动员注意的指向和注意的广度，其中视觉是关键，因而要扩大视野范围。一般来说，注意是指对比赛场上诸多感知信息进入意识领域的选择和局限，运动员的注意指向受主观意向的指引，主观意向就是在比赛攻守目标的控制下，决定注意对有关信息进行取舍的评价体系。

篮球比赛过程中运动员的有意注意指向，通常集中于具有较高评价效果的攻守战术及技术运用结果的有关信息，而把自身行动和对球的控制过程放在注意的边缘，使技术动作和战术意识水平不断提高，技术的自动化使意识的注意指向得到了解放，大脑高级神经中枢的有意识注意指向集中于与战术目标更为密切的对抗情节信息，而把其他相对次要的运动操作信息交给较低级的神经中枢来进行控制。在篮球运动员的注意品质中，注意的广度和敏锐性反映运动员对比赛情况变化的洞察能力，优秀篮球运动员由于具有较好的视野基本功而使注意的广度增加，平时篮球运动训练中所形容的"眼观六路，耳听八方"，就是

指注意在广阔的视野范围内捕捉有效信息的能力。比赛中，运动员视野和注意范围的增大，能够使其意识到最隐蔽和最有利的攻击机会，在传出出其不意的好球的同时，把防守者的注意力吸引到不利位置上来，为同伴进攻得分创造良好的条件。

（二）记忆与思维

记忆与思维同篮球意识的形成关系十分密切。人的记忆可分为短时记忆和长时记忆，短时记忆一般指注意指向所感知到的一切信息，这些信息在记忆中停留很短时间就会被新的信息取代，在篮球运动比赛中则表现为对瞬息之间情况变化的感知和记忆。长时记忆是指经过检索被意识到有价值的信息，这些信息通过记忆在头脑中长期保留，使用时可随时提取，是深刻的感知和学习的结果。篮球运动员的长时记忆中储存的信息一般是关于技术、战术打法的智能模型，这些模型是在平时教学训练中积累起来的。比赛中技术、战术运用的成功体验也可以成为智能模型，在长时记忆中储存，当遇到类似的情景时，就会立刻被激活和提取，成为引导行动的意向。与篮球意识有关的记忆主要有以下两部分内容。

1. 篮球运动的相关知识

人们对客观存在现实的认识是意识的核心，而对客观存在的正确认识常表现为各种形态的知识。篮球意识的建立和培养，也必须以有关篮球运动知识的学习为基础，在运动员的头脑中建立丰富的篮球知识体系。当运动员掌握了有关篮球的社会文化知识，就会对篮球运动产生正确的情感，进而形成正确的篮球实践动机；当运动员掌握了关于比赛攻守对抗技术、战术运用规律的知识，就能正确地反映比赛的现实，用知识来指导攻守行动；当运动员掌握了正确完成技术的方法以后，就能够进行有意识定向的练习，进而使技术水平迅速提高。因此，学习和掌握篮球知识，可以强化记忆，促进思维，对于培养正确的篮球意识具有重要的意义。

2. 临场实战对抗的经验和体验

篮球比赛临场经验和实战对抗体验是一种特殊的知识形态，具有只能意会、不能准确表述的特点。它是在比赛场上获得的，是运动员在与对手的实战较量中运用技术、战术配合和身体的体能实施攻守行动时得到的体会，这种亲身体验被运动员意识到并进入长时记忆。体验的长期积累就形成了宝贵的实战经验。在篮球运动员的记忆中，实战经验以智能模型的方式进行储存，每当在新的实战比赛中，当运动员感知到与经历过的相似对抗情况时，储存于头脑中的智能模型会立即被意识提取，成为唤起和指引行为的主观意向，由此产生意识主导下的个人战术行动。

第二节　高校篮球意识培养方法与测评

一、篮球意识的培养方法

（一）在技术训练中渗透篮球意识培养

在技术训练中渗透篮球意识培养是培养运动员篮球意识的基本途径。篮球意识是长期、有计划地在整个训练过程中不断渗透才形成的。一名篮球运动员从开始参加篮球运动训练到结束篮球运动生涯，教练员都在不间断地采取各种手段和方法潜移默化地对其进行篮球意识的培养与熏陶，这就是对运动员不知不觉地进行点点滴滴的意识加工、渗透与提炼，使其形成一种正确的潜意识。运动员之所以能在球场上随心所欲地运用与应变技术、战术，正是其潜意识的作用，而最初的技术基础训练阶段是关键。在技术对抗性训练阶段，特别要重视在技术动作的个性训练中培养运动员的篮球对抗意识，着重解决运动员心智能力中的观察能力和分析判断能力的提高，并在能力培养过程中丰富运动员的基本知识体系，积累技术运用经验。

1. 培养观察能力

培养观察能力是形成篮球意识的前提。在篮球比赛中，运动员对任何一个技术动作的运用与应变，都首先取决于能否周密地在一瞬间做出正确的观察。因此，在技术训练初期就必须重视观察习惯和观察能力的培养，加强视野训练，并且在训练一般观察能力的基础上，进一步培养运动员的视觉选择能力。

（1）加强视野训练，提高眼睛余光的观察能力。篮球比赛瞬息万变，绝大多数情况下主要用眼睛余光来观察全场情况的变化，捕捉战机，及时应变。如观察运动员的面部表情，移动速度、方向、角度、节奏，球的落点，配合的路线和攻守特点等。所以要特别强调培养运动员用眼睛的余光来扩大视野，提高用余光观察的能力。在技术训练中，可用有助于扩大视野的技术动作来培养运动员的余光观察能力。例如，在练习运球技术时，要求运动员用余光照顾球或不看球，观察的重点是场上双方全面的攻守情况；在练习传接球技术时，可采用多人快速传接球（加防守）练习，要求用余光观察接球人及其被防守情况，接球后立即将球传出，并要求传球及时、准确到位。在两个技术动作以上的组合性技术衔接中，特别要注意观察能力的培养，这对提高运用技术的应变能力极为重要。如运球突破—传球或运球突破—急停跳投，要求运动员不仅要考虑自己被防守的情况，而且还要观察场上同伴的位置、移动及其被防守的情况，以便及时、准确地做出判断。

（2）培养视觉选择力。视觉选择力是在全面观察的基础上，把视线集中在特别重要的位置、区域和队员身上的能力。培养篮球运动员的视觉选择力，就是要训练善于把场上其他队员的行动收入自己的视野范围内，并从中进行选择与分辨，以便正确决策行动。实践证明，篮球运动员在比赛中对攻守信息的获取是有先后顺序的。例如，抢到后场篮板球时，观察的一般规律是：首先观察前场，然后是中场，最后观察后场，使用这种依次"观察模式"；在突破和投篮时，要重点观察篮下的变化；抢篮板球时，要考虑投篮队员的距离，以及自己和篮圈所形成的角度、对方队员抢篮板球的组织特点和队员的位置等，但观察的重点是球的落点。在技术训练中，不断总结带有规律性的"观察模式"并组合成某种练习方法应用于教学训练之中，是培养运动员篮球意识的重要任务和有效方法。

2. 培养分析判断能力

通过技术动作的实战运用训练，可培养篮球运动员的分析判断与运用技术的应变能力，基本技术中的每个动作方法都有其特点、应用范围、条件及"规格"标准，在比赛中具有相对独特的战术价值，这些既是运动员在比赛中意识活动的物质基础，又是技术训练中培养运动员篮球意识的重要内容。

篮球比赛激烈多变，每个技术动作在运用方式上不可能一成不变，同一动作在不同时间、不同位置、不同条件下都可能千差万别。所以，要重视在技术动作个性训练中培养篮球意识，在对抗因素和对抗条件中培养篮球意识，在运用真假技术的变化中培养篮球意识。这就要求运动员在掌握正确动作"规格"的基础上，还要使技术动作具有对抗性、应变性和实效性，以简单适时的方式去解决临场的各种具体问题。通过技术动作的实战运用训练，可使运动员在掌握"规格"标准的技术动作基础上，进一步强化技术运用的特点、范围、条件及变化规律，为在比赛情况下合理地运用应变技术、创新发展个性绝招技术打下基础。同时，不断培养运动员在各种攻守具体情况下的分析判断和应变能力，积累技术运用与应变的实践经验，就能使运动员在篮球比赛中分析判断及时、准确，应变合理，运用有实效，达到在技术动作的运用训练中既掌握动作应变方法又培养应变意识的目的。

（二）在战术训练及比赛中培养篮球意识

在战术训练中培养篮球意识，首先应在单个战术配合训练时使队员了解战术的结构及配合的规律、方法、特点和每个战术位置上的职责、作用，提高战术变化的灵活性。

战术训练最重要的任务就是培养提高运动员个人和整体协同作战的战术行动能力，提高运动员整体竞技水平，而发展运动员的战术能力要以培养运动员的篮球意识为主。战术训练不仅需要熟练一种或多种战术配合方法，而且更要重视培养战术素养，提高运动员的篮球意识。在比赛中，运动员的每一个行动都属于战术性的活动，有其明显的战术目的。在与同伴的战术配合中，意识起着支配行动的作用，决定战术的实现。篮球意识的核心要素是战术思维能力，所以在战术训练阶段培养运动员的篮球意识，应主要发展运动员的战术思维能力。

篮球运动员在训练与比赛的思维决策中，一方面需要用已有的概念、原则、原理等理论知识去思考，形成理论思维；另一方面，篮球运动员意识活动时的思维决策又需要用从运动实践中获得的诸多经验知识去思考，进而形成经验思维。此外，篮球运动员在比赛中的战术行动是极其丰富繁杂的，在对抗状态下进行战术思维活动，常常要以经验的"直觉"方式进行思维决策，去解决自己面临的战术任务，即形成直觉思维。篮球意识活动时思维类型不同，对于运动员的思维决策起的作用也不相同。理论思维运用知识、概念等进行思维决策，在意识活动中主要从"宏观"的角度上发挥作用；直觉思维是在运动员对情况不明、时间紧迫和对抗激烈状态下解决小范围个人战术行动时发挥"随机应变"的作用。

因此，教练员对于设计组织每一种战术配合如何行动都要有一个基本的"标准模式"，并且用这个"标准模式"去衡量运动员的战术行为是否适当。运动员应在思维决策过程中以"标准模式"的思维语言方式进行活动。实际上，运动员接受教练员的指导和训练的过程，就是运动员在战术决策及行动方面向"标准模式"趋近的过程。

（三）提高人文素质，改善知识结构，丰富篮球意识

现代科学的发展和各学科的相互渗透对体育科学的影响，推动着各专项体育运动迅速发展，篮球运动当然也受社会科学、自然科学以及其他综合学科的影响。一名运动员掌握知识的深广度、一个球队整体的知识结构水平的高低，是直接影响着教练员能否用现代化科学知识培养运动员的重要因素。因为篮球运动员头脑形成的某种意识和功能，都是以相应的某些文化科技知识结构为基础的。知识结构不同，功能也就不同。尤其是现代篮球比赛的高度集体性和综合化，需要运动员具有更聪明的才智和意识，而掌握必要的知识对提高他们的篮球意识修养起着保障作用。

篮球运动员在意识活动时必须善于运用概念、原理、原则、规律等思维语言，这些思维语言属于理论知识范畴，是以相关文化科技知识为基础的。理论知识在一定的时期内是相对稳定、较为系统的，具有高度概括性和普遍指导意义，有助于使运动员在相对较短的时间内掌握其内涵意义，从而促使运动员的篮球意识快速发展。因此，在训练中重视文化科技理论知识的传授，有利于加速培养和发展运动员的篮球意识。

篮球运动员在知识方面需要做到：了解运动生涯过程中必备的常规知识、专项运动的发展趋势，理解技术和战术的特点、原理、专项运动规律以及规则裁判法，掌握各种相关学科基础理论知识；掌握马克思主义哲学的基本观点、唯物辩证法的基本原理和逻辑学；阅读一些古今中外的兵法、战例等，借以开阔思路，拓宽思维领域，从各种文化知识中吸取营养、丰富智慧、增加灵感、提高想象力、理解力和创造力。这不仅需要加强运动员的基础知识，而且还要特别重视通过训练把他们具备的知识充分地运用到篮球实践上，通过理论知识的学习，使每名运动员都成为既具有共性又具有个性的不同知识结构的人。

运动员的篮球意识绝不是孤立存在的，单纯就篮球意识来进行意识培养是很难奏效的。篮球意识的提高涉及诸多因素，如运动员的观察能力、分析判断能力、对教练员作战意图的理解能力、综合分析能力、抽象思维能力、理论知识水平及实践经验等。对我国篮球运动高水平运动员来说，迫切需要重视的是如何解决提高基础文化知识和基础的相关科技知识，克服通常存在的竞技高水平、文化低层次、素质待教养的状态。一名有良好意识的优秀篮球运动员，其综合分析能力的抽象思维能力必须是较强的。为了提高运动员的篮球意识，篮球管理部门和教练员必须重视他们的文化素质的提高。智商不改善，意识层次也难提高，所以随同训练和比赛要花一定的时间与精力来帮助队员充实智商，只有高智商

的运动员才能达到高水平的竞技能力。当然，教练员平时训练中结合实际战例分析、传授理论知识，提高运动员的综合分析和抽象思维能力，也是培养和丰富运动员篮球意识的有效途径。

二、篮球意识的测评

（一）篮球意识测评的意义

在教学训练中有计划、有步骤地培养运动员的篮球意识，必须改变对意识自然成长的传统认识，建立科学培养运动员篮球意识的观念与观点。如果能对运动员的篮球意识水平做出客观的测评，就能有目的、有计划、有针对性地对其进行意识的培养，同时，还能检验培养方法的实际效果。

较为客观地测评运动员的篮球意识，是教练员控制意识训练过程的一项重要内容。通过对运动员的篮球意识测评，可以找出运动员在篮球意识方面存在的问题，向教练员提供分析资料，以便对运动员的篮球意识培养实施有效的控制。这可改变教练员在训练中单凭经验、直观感觉的传统方法，使之能较客观地、因人而异地调节和控制意识训练过程，加快提高运动员的篮球意识，起到积极的促进作用。

（二）篮球意识的测评原则

篮球意识以主观观念的形式存在于运动员的大脑中。意识活动是在大脑中进行的，人们不能直接看见意识活动的内容，但这并不是说就不能对篮球意识进行测评。意识是人头脑中主观观念的形式和客观实在的内容的对立统一，虽然意识的形式是主观的，但其反映的内容是客观的，并且人的行动是受意识支配的。通过观察行动表现，可以间接地了解意识活动的情况。篮球运动员在比赛中的观察、判断、思维决策等意识活动内容，只能通过运动员在篮球意识支配下所做出的"应答式"行动来反映。因此，行动的正确与否是篮球意识的测评信息，是测评篮球意识的主要依据。

篮球比赛中的每一名队员的行动都属于战术性活动，都带有一定的战术目的，是在篮球意识支配下的行动。个人行动也不能仅理解为单独存在的、无意识的活动，任何行动都是处在集体配合当中。技术的合理运用和应变，完全是通过战略决策和战术组织体现出来的，球场上每项技术、战术的运用，都是受一定的篮球意识支配的。因此，对于比赛中运动员的每一个行动，都必须超脱单纯的技术概念，将它们视为体现篮球意识的反馈信息。

运动员在良好篮球意识支配下的行动应表现为行动的正确性、行动的目的性、行动的预见性、行动的急避性、行动的应变性、行动的创造性、行动的实效性和配合的协调性，通过观察、判断这几方面信息的反馈，便能较客观地测评出运动员的篮球意识水平。

（三）篮球意识的测评方法

目前，教练员在测评运动员的篮球意识时，大多是依靠自身的经验或临场技术、战术行动效果统计分析，没有一种比较客观的量化性测评方法。通常采用战术录像片的方式，为运动员提供一些"逼真"的战术配合场景，让运动员根据战术场景确定自己的决策行动，以此考查运动员的意识水平。还有采用战术配合示意图的方法测试评价运动员的意识水平，这也只是战术录像方法的简便替代。从测试的内容及方式来看，它们都带有较明显的局限性和随意性，并且战术情景示意的仿真程度较低。因为，篮球运动是一种对抗性极强的项目，队员之间的对抗是动态的，而非静态的，完全脱离比赛的实际情况而单独对运动员的意识水平做出测评，不仅不能客观地对运动员的意识做出测评，而且这样的测评结果也是无意义的。行动是篮球意识的根本归宿和最终表现，篮球意识的测评应以在意识指导下行动的正确性为原则来进行。对运动员篮球意识的测评必须与比赛的实际结合起来，只有通过运动员在比赛中的意识表现才能真正反映其意识水平，运动员的篮球意识只有在比赛的实际运用中才具有价值。

第三节 高校篮球智能训练的内容及方法

一、高校篮球智能训练的基本内容

智能训练的任务是培养运动员独立完成训练和参加比赛的能力、观察问题和分析问题的能力、自我监督能力，并以此提高运动员的综合素质。智能训练要贯穿在运动训练过程中，要在传授知识中发展智能，在专项理论的传授中发展智能。

（一）智能训练的必要性和重要性

运动训练和运动竞赛不仅仅是人的身体活动，同时也包括智能活动。在运动训练过程中，教练员和运动员需要运用许多客观规律和科技知识。运动员只有掌握了客观规律和科技知识，才能科学地进行训练，才能取得优异的运动成绩。智能活动往往由于在人的运动行为中不被观察到而被忽略，但是在每一个运动行为中，无论是技术动作或是战术行动中都或多或少地包含着智能因素。例如，在完成技术动作过程中的实际操作能力、运动训练过程中的负荷控制、战术行动中运动行为的操作能力和战术思维能力等，因此，智能活动是人类运动行为必不可少的组成部分。

现代运动训练越来越多地吸收和应用其他科学领域的先进知识和技术，运动员只有掌握一定的先进科学知识才具有把这些知识应用于运动训练的能力。运动员只有具备了较高智能水平，才能深入认识和运用运动训练的一般规律和运动专项的特有规律，采用先进的科学知识和训练方法提高和发展身体机能以及运动素质，分析掌握运动技术和战术，配合教练员有效地控制训练过程，更快更好地提高运动技能。

运动规则的熟练掌握和自控能力的培养也是智能训练的一个重要部分。所有竞技项目的规则都在不断发展变化，有些规则甚至经常变动，而有些规则还受临场裁判的主观控制，因此，在运动训练过程中，运动员要充分掌握规则，理解规则的内涵，培养自己的临赛自控能力。只有这样才能在比赛中既能很好地运用、执行规则，又能充分发挥自己的运动水平。

（二）智能训练的含义及任务

智能即智力与能力的结合，它是保证人们有效地认识客观事物和成功地进行实际活动的心理特点的结合。从智能的定义可见，智能这一概念包含着智力与能力两个相对独立而又密切联系的概念。智力是保证人们有效地进行认识活动的稳定心理特征的综合，包括观察力、记忆力、想象力、思维力和注意力等因素。运动活动的实际操作能力和适应能力与对运动行为的观察力、记忆力和思维力等的有机结合，就形成了运动方面的特殊智能，智能是影响运动员竞技能力的重要因素之一。运动训练中的智能训练就是为了适应现代运动训练的需要，有目的、有计划地对上述运动智能的构成因素进行训练和培养，并使之有机结合，提高运动员智能水平的过程。智能训练的目的是提高运动员的智能水平。运动训练过程中，智能训练有下述四个方面的任务。

1. 培养运动员独立完成训练和参加比赛的能力

在运动训练和比赛前，要让运动员明确自己的目的和任务，掌握科学的训练方法，熟悉竞赛规则和器械性能，积累比赛经验，适应各种比赛环境，高度发展运动知觉、运动表象力、自我调控能力、战术思维能力和运动活动的实际操作能力。训练过程中，在教练员的指导下能主动地、高质量地完成训练任务，在复杂多变的赛场上能斗智斗勇，发挥自己的训练水平。

2. 培养运动员观察问题、分析问题的能力

运动训练不但要应用高科技，而且要遵循客观规律和原则。运动员应掌握一定的科学技术和运动训练的客观规律和原则，在教练员的配合下，利用科技手段观察、分析其他运动员和自己的运动情况，找出提高运动水平的方法，制订出适合自己的训练计划和比赛战术。运动员还应该学习掌握运动心理学、运动生理学以及专项运动理论等方面的知识，学会在比赛过程中根据对手的技战术情况及其他外界因素，调整自己的心态及技战术，从而击败对手，取得比赛的胜利。

3. 培养运动员的自我监督能力

应使运动员学习掌握运动医学、运动心理学、运动解剖学以及运动生物力学等方面的知识和简单测试方法，能对自己在训练过程中的健康、机能和心理状态进行有目的的观察和调控，配合教练员合理地安排运动负荷与恢复，科学地控制训练过程和指导比赛。

（三）篮球运动项目特征及其对运动员智能的要求

现代篮球运动是高水平的全面对抗，全面对抗的七个要素之一，就是要有良好的篮球

意识和战术思维，属于智力对抗的范畴。目前世界各强队在身高、技术、战术、身体素质等方面已经比较接近，智能的作用越来越重要。一个运动员要取得优异的成绩，单靠身体形态、机能、素质、技术是不够的，还必须有一个聪慧的头脑，运用头脑去吸收和运用其他学科领域的先进知识和技术，并把这些知识运用于自己的运动实践。现代篮球比赛愈来愈紧张、激烈、复杂、多变，既是运动员比体力、比技术的过程，又是运动员斗智的过程，特别是两队势均力敌的情况下，对运动员的智能要求更高，智能对比赛的胜负影响愈来愈大。因此，运用智能训练已成现代篮球运动训练不可缺少的一个组成部分，是提高训练质量的重要一环。

目前，有相当一部分人认为，当一名运动员，只要肯吃苦、不怕累，就能提高运动成绩。在篮球运动水平突飞猛进的今天，单靠体力提高成绩的办法已经过时，必须要加强智能训练。如果说某些个人项目靠运动员身体条件的天赋和刻苦训练，尚可逞一时之勇，取得令人满意的成绩，那么篮球这个集体项目就必须要有较高的智能。只有这样，才能正确领会、全面贯彻教练的意图，才能审时度势、把握战机、随机应变、临危不乱、知己知彼、扬我所长。一个人智力的发展，主要依赖于后天的物质条件和环境，尤其是教育和训练，因此，在运动训练过程中，要努力发展训练对象的智能，不能只注意"体力注入"，把运动训练看成体力的堆砌，认为发展智力没有必要。其实，人体运动都是中枢神经系统指挥肌肉工作的结果，是脑功能的效应。也就是说，高效率的人体运动需要体力和智力活动的结合。实践证明，智力的增长和发展，要求体力相应发展，人的身体素质的提高，又能改善进行智力活动的物质基础，二者密切联系，不是对立的。如果在训练过程中只顾"体力注入"，那么，将压抑记忆功能和想象功能区的发展。当然，从事竞技运动需要有极大的身体负荷能力，超量恢复原理在培养体力能力上有着特殊的意义，但如果滥用这个原理，接踵而来的是转氨酶升高、心血机能失常、"速度障碍""高原反应"及其他伤病情况的发生，致使体力发展受限。所以，运动训练中运用智能训练的力度要加大。这样，可以使运动员知道怎样去练，知道什么是正确的、什么是错误的，也就是知其然，还知其所以然，这样训练的质量就提高了，提高过程的时间就能使运动员取得优异的成绩。

在篮球运动训练中，应注意培养运动员头脑和四肢的发达，还应当注意智能的培养与训练。在运用智能训练时，应考虑到运动员的文化水平、体育基础知识水平、年龄等实际情况。

二、高校篮球智能训练的方法

（一）篮球运动员智能训练的实施过程

1. 在传授基本概念、基本知识和基本原理中发展智能

基础理论是人类认识客观事物的基础，掌握了这些规律性的知识不仅有利于运动员的

思维力发展，也有利于促进知识技能的迁移。在传授基础理论的过程中，可通过观察实物标本、教学图片、录像等手段培养学生的观察能力，还可以通过提问、测验、写总结等其他形式来引导运动员学会运用分析、综合、比较、概括判断、推理等思维形式来认识和解决问题，以此来发展运动员的思维能力。运动员掌握理论知识的目的就是用于指导实践，因此，教练员在进行基础理论知识的传授中，应当引导运动员积极进行运动训练实际活动，严格要求运动员做好各种练习、实验和实习等，培养运动员把理论知识应用于实践的实际操作能力。

2. 在专项理论传授中发展智能

教练员在进行专项技术训练的同时，还要加强专业理论的传授。专业理论不但包括专项技术理论，还包括运动心理、运动生理、运动生物力学等多种学科，运动员在教练员的辅导帮助下认真学习，学会把理论知识应用到运动训练中去。在进行身体、技术、战术训练之后，应通过归纳总结，使运动员形成概念，找出事物规律，在归纳时，应鼓励运动员自己去归纳，对两个或两个以上事物进行比较对照，从中得出判断性结论。在对比时，应注意对造成各种后果原因的分析，并根据规定的标准要求做出评价，这样做不仅有利于运动员正确掌握标准要求，更重要的是在于发展他们的观察、分析、归纳、判断能力。教练员还可以根据具体的训练任务向运动员设置一些复杂的训练环境，让运动员设法解决，这样做有利于培养运动员的思维能力、适应能力和创造能力。

3. 发展智能应贯穿在整个训练过程中

一个人对事物的认识要经过从具体到抽象，又从抽象到具体的过程，所以，对运动员智能的培养，除了对理论知识的教育之外，还必须注意在实践中发展他们的智能。如经常进行比赛实战练习，培养运动员将已获得的运动素质、技术、战术方面的知识和技能运用于实践的实际操作能力，应付千变万化比赛的适应能力，以及运动行为观察力和战术思维能力。总之，教练员在训练过程中要为运动员创造活跃思维的条件，通过解决难题培养他们分析问题、解决问题的能力。

(二) 智能训练方法

1. 有关准备活动的训练

在进行训练课的准备活动时，教练员可让队员自己想办法把身体活动开，活动方式不限（在条件允许范围内），时间为20分钟。队员就可以凭自己的想象进行。有的队员单独活动，有的就二、三人结合在一起活动，有的持球，有的不持球，这样既增加了训练兴趣，又发挥了每个队员的想象力、记忆力等。在达到规定时间时，教练员就通过队员的生理反应来评定活动效果，测10秒钟脉搏跳动次数，一般要求达到25～30次，通过这种形式，队员就可以了解自己活动的效果如何，以便改进。

2. 进行特殊规则的比赛

在分组比赛时，规定双方各有一名队员每投中一次得5分（罚球除外），双方互不清楚是哪一名，比赛两节，时间各为5分钟，两节之间休息2分钟，由教练员记分。在进行完第一节比赛后，公布比分。在休息期间内，双方队员根据比分来回忆第一节比赛情况，通过观察加以分析，确认投中一次得5分的队员，从而在第二节的比赛中抑制其作用，通过这种训练方法，可以培养队员的记忆、观察和分析问题、判断问题的能力。

3. 在训练比赛中，多设置比赛"残局"

比如离比赛结束还有3分钟，两组比分十分接近，我方领先怎样打？对方领先怎样打？让队员自己研究攻守策略。教练员也可以规定一方必须采取两种防守形式，如指定采用半场盯人和全场紧逼两种形式，可以交替运用。因为同属一队，进攻路线彼此非常熟悉，这就要求另一方研究进攻策略，给对方提出了更高的要求。通过这种训练可以培养队员的创造能力，让队员学会动脑子打球，还可以提高队员的应变能力以及对待比赛残局的适应能力和解决问题的能力。同时，教练员也可以从中发现一些好的进攻、防守方法，发展攻守战术，充分发挥集体作战能力。

（三）智能训练要注意的问题

提高运动员对智能训练重要意义的认识，使他们能自觉积极地配合教练员进行智能训练。在进行智能训练时，要根据运动员的实际情况制订训练计划，不要千篇一律。

大部分运动员参加运动训练都是从少年开始的，因此，在进行智能训练时应从一般基础理论开始，循序渐进。智能训练应列入多年、全年、阶段、周和课的训练计划之中，以保证有目的、有计划地发展运动员的智能水平。

智能训练的内容是多学科的组合，教练员应与运动医师和运动生理学、运动心理学、运动生物力学等方面的专业人员密切配合，共同研究或处理问题，并请他们给运动员做一些专题报告和实际指导。同时还应运用现有的高科技手段学习和借鉴国外的训练方法来加强自己的智能训练手段。

智能训练是一个学科群的组合训练，教练员要运用科学的方法定期评定运动员的智能水平，让运动员的智能得到全面健康的发展。

第四节 高校篮球运动专项心理训练

一、心理训练简介

心理训练是指有意识、有目的地对运动员的心理过程和个性心理特征施加影响的过程。其目的是使运动员的心理产生最适宜运动训练和运动竞赛的变化，具有自我动员、自我调节和自我控制的能力。

篮球心理训练是为适应现代运动竞赛的需要而运用发展起来的。任何竞技运动项目都与竞赛有着不可分割的联系，现代篮球竞赛的最大特点，就是对抗性越来越激烈，在比赛双方身体、技术、战术水平势均力敌的情况下，胜负往往取决于心理素质训练水平的高低。我国男女篮球队在参加国际大赛时，功亏于心理训练水平较低的情况屡见不鲜，而我国职业球队中心理训练无章无序的现象更为严重。因此，加强我国优秀运动队伍的专业心理训练刻不容缓，尤其职业化后的主客场联赛，使得心理因素对球队的影响愈加重大。因此，在篮球训练中有关人士至少在口头上已愈来愈重视心理训练，正在努力提高运动员心理活动的水平。

心理训练是一个教育过程，应遵循自觉自愿、重视个体差异、持之以恒的原则，并根据不同对象（性别、年龄、运动经验、智力水平等）和不同要求，有重点地、区别对待地进行。心理训练要有针对性，特别要注意全面与重点相结合原则，必须与身体、技术、战术等训练有机地结合起来。例如表象训练，只有在技术训练的基础上进行才能收到实效，促进技术提高与发展。在心理训练内容方面，应当包括心理过程和个性特征的训练，只进行全面的心理训练而忽视重点的心理训练，也不利于技能的提高和发挥，在训练方法上，应根据篮球运动项目和个体的心理特点来选择和使用。

篮球运动员专项心理训练是根据篮球运动的特点和竞赛的需要，对运动员施加影响，促使其能在比赛极度紧张的条件下保持与提高自己的情绪状态，具有自我心理调节的能力，以及发挥运动能力的心理过程。运动员的专项心理训练有比较具体的含义和内容，它能保证为比赛和完成难度很大的训练作业做好准备，从而去发挥最佳水平。

二、篮球专项心理训练的任务

在篮球运动员心理训练中，专项心理训练是其中的重要组成部分，也是高水平运动员现代化训练的重要内容。为了达到篮球比赛所需要的心理准备，有以下一些具体的训练任务：①促进和改善运动员的专门化知觉、记忆、想象、思维等心智能力。②适应能力训练，特别是适应比赛活动，保持情绪的稳定性和适宜的兴奋状态。③对完成技术动作有很好的自控能力。④能在瞬间做出准确的时空判断和有较好的"时机感"。⑤能调节和消除自己在训练和比赛中的紧张状态。⑥有坚强的意志品质，在训练和比赛中为实现既定的目标克服困难而努力。

以上任务的实现和心理活动水平的提高，在很大程度上取决于运动员注意力集中与分配以及注意的转移能力。由于篮球比赛中运动员的决定是来自大量而带有外向性特点的注意，从一种注意转向另一种注意的能力，所以控制注意力范围和方向的能力是篮球运动员心理活动水平的重要组成部分和注意力可塑性的标志。它们一方面是决定运动成绩的最有效的因素之一，另一方面也是在篮球训练实践中形成的，是篮球运动员所必需的心理素质。在篮球比赛中，必须要求运动员具有不断完善运动技术的愿望，对比赛中发生的情况能找出有效的解决办法，而机智、果断、勇敢、灵敏、情绪稳定，注意力范围大，并能迅速转移和保持稳定，就能在完成比赛动作时反应快速、准确和运用自如。篮球比赛的活动处于不断变化的动态之中，要敏锐地观察判断情况，果断做出决定与对手抗衡，这时理性和情感占据首要地位，也决定了专项心理训练的内容。意志品质对篮球运动员来讲尤为重要，意志是指为了达到既定的目的，根据目的支配自己克服各种困难，从而实现目的的心理过程。意志是意识中的一个积极方面，它与理智和情感相统一，在困难的情况下调节人们的行为和活动。运动员主要的意志品质包括坚定的目的性、主动性、自觉性、果断性、勇敢性、自制性、坚毅性等，这些品质与人的任何特征一样，很难进行直接的评价。它们在各个竞技项目中的作用，也是难以严格区分的。实践证明，全面地培养意志品质应当成为心理训练的主要内容之一。特别是高水平运动员的智力水平发展的要求很高，这样才能使他们意识到自己在比赛中的地位和取得运动成绩的社会价值，从而更好地创造性地对待训练任务。所以说，专项心理训练水平是与运动员的智力表现密切联系的。智力的具体内容有：在训练和比赛过程中把注意力集中于有效地完成动作上的能力，有效地接受知识的能力，逻辑思维、联想、创造性思维能力，以及在行动中观察、接受和利用信息的能力等。

篮球运动员专项心理训练应针对比赛的需要和运动员的个体差异性进行操作性"调整"（尤其面对国际大赛和职业俱乐部球队联赛时），除了以激励为基础经常保持稳定的动机之外，应与和比赛任务有关的动机相联系，而动机变化，取决于个人定向和任务的意义（包括情感态度），还应结合具体情况去增强动机。运动员的操作性心理调整，除了教练员相应的作用以外，还要求运动员积极和大胆地使用一系列自我集中和自我动员的方法。这些方法应是通过专门心理训练已经掌握了的。自我调整方法包括内部激励性的自言自语、面临行动的"自我交谈""自我命令"等。调节特点是要引起运动员高度的心理紧张状态，即心理应激。运动员必须克服抑郁状态，建立自信和最佳情绪。在过分兴奋状态下，应降低兴奋的程度，但不能阻止情绪的高涨，以保证在训练和比赛过程中运动员情感的稳定性。解决以上这些任务应当是综合性的，以便更好地达到有效的调节，其中包括下列因素、手段、方法和条件：

第一，对运动员教育和运动员自我教育的一般因素。教练员的动员和帮助的作用，集体中的友谊、乐观、进取精神的气氛，意志的培养和自我培养。

第二，从心理训练的角度，安排具有专门方向的运动训练手段、方法和形式。在调节赛前状态过程中可使用"激活性""安静性"以及"放松性"练习、"注意力"练习、"准确性"练习和专门针对降低紧张度或集中注意力的呼吸练习，通过最佳的交替负荷和休息，形成合理的负荷状态，有节奏地交替训练的主要方向。

第三，对比赛条件的适应和调节比赛的紧张程度。合理组织优化赛前状态和培养运动员的心理稳定性。

第四，心理调节和自我调节的专门方法。即心理调节训练，包括暗示和自我暗示法，一方面消除过分的心理紧张，达到放松和一般的恢复；另一方面去激活和过渡到积极的活动状态。既针对"安静",又针对"动员",将心理调节训练与意念练习相结合,用以纠正技术性错误,调整动作速率和节奏,使之对具体比赛形势形成必需的定向。

第五,有助于优化心理状态的自然环境条件、卫生因素和其他环境因素。

总之,篮球专项心理训练应是带有技能性和操作性的心理训练。

三、篮球专项心理素质的基础分析

篮球专项心理素质是指运动员在具有一般心理素质的基础上,通过训练所形成的有专项特点的心理素质。众所周知,运动技能的形成是在多种感觉机能的协调配合下,同大脑皮层运动中枢及其他有关区域建立暂时性联系的结果,是运动员经过反复练习所获得的技能。在建立运动技能的过程中,本体感觉起着非常重要的作用。每个技术动作、每个细小的动作成分都与一定的关节和肌肉工作相联系,经过反复练习,不断完善,才能建立正确的动作模式。例如在训练投篮时,不论在什么位置、距离上进行,都要强调处理好投篮入射角与抛物线的关系,瞄篮点是肌肉感觉的前导,是视觉与本体感觉的联系,所以说,专项心理素质与一般心理素质两者是有机联系不可分割的。

(一)专门化知觉

专门化知觉是指运动员所从事的专项运动的某些心理的特殊感受知觉,它们是一种复合知觉,也是运动员主要的心理因素之一,篮球运动员的专门化知觉可分为球感和时空感。

1. 球感

球感是运动员在长期持球训练过程中发展起来的对篮球球体的一种专门化知觉,它的特点在于对球的性能(包括球的形状、大小、轻重、弹性以及通过身体用力使球在空间运动的速度和方向产生变化)达到极为精细分化的程度。球感是一种复合知觉,是在练习球时进入视觉分析器、运动分析器和能力分析器的各种刺激物进行精细分化,并在大脑皮层中形成复杂而稳固的神经联系的结果。它也反映着运动员其他方面的多种素质,是经过刻苦训练和反复实践才能获得的。运动员球感的精度和广度是运动技能高低的标志,也是运动员最重要的专项心理素质之一。

运动员形成了精确、敏锐的球感后,不仅能增强自信心和对抗胆量,使自己在球场上的行动获得自主和自由,而且可以把注意力转向解决攻守中的判断与技、战术动作的运用上,变得灵活自如。这种知觉也能使运动员在完成传球、接球、运球、投篮、争夺球权的行动上达到稳、准、狠、快、巧,所以说它是高水平运动员突出的心理特点之一,也是比赛争取胜利的重要因素。要想球感好,必须坚持长期触及球的训练,做到球不离手,否则此种感知觉必然不能形成,即使暂时建立某种初步知觉,也会逐渐消退或减弱,另外在情绪过于激动或身体过度疲劳的情况下,球感也会减弱。

2. 时空感

时空感是指篮球运动员在球场上对时间和空间的判断能力。判断来自运动员对时空的感知觉，时空感好，才能在动态对抗中完成攻守技术动作和战术配合，它也是一种复合知觉，是运动员所必备的专项心理素质之一。由于篮球运动对抗特征是地、空双向展开，所以运动员的时空感强，在比赛中才能在瞬间争取时间而获得空间的自由，并占据空间取得时间的主动，创造防守中获球或进攻中捕获攻击的机会，做到有机不失。时空感对于不同的运动项目来说是不同的，篮球比赛攻守对抗瞬息万变，所以时间知觉特别重要，必须反应敏捷，行动果断。所谓空间知觉，是指场上运动员对同伴、对手、球篮、位置、距离、高度等因素的判断与反应，它们之间相对的位置与转移的路线和速度等，都是空间判断的依据。篮球运动对时空感训练中的视动反应、预测反应、选择反应等有更高的要求，要视野范围广阔，有良好的深度知觉和方位感，对人和球的移动、方向、距离和速度等都要有准确的判断和把握。

（二）情绪稳定

情绪是情感体验在心理过程进行中的具体表现形式，是人类对客观事物的态度体验及相应行为的反应。体育竞赛中的情绪稳定，是运动员最佳心理状态中最核心的内容，是训练水平正常发挥的保证，所以情绪稳定是运动员主要的心理因素之一。

人的情感是在实践活动中产生、发展和变化的，篮球运动员在训练与比赛过程中也会产生与发展相应的情感体验。由于篮球比赛紧张激烈，运动员的整个身心都处于极度的紧张状态，因此，伴随产生的强烈而鲜明的情感体验也是丰富多彩的。这是和篮球运动比赛的复杂多变以及运动员的个人特点的多样性相联系的。尤其势均力敌的比赛，客观条件复杂多变，运动员的情感也随之不断变化，表现出多变性的特征。由此，运动员情绪必然会直接影响训练与比赛的质量与效果，甚至导致比赛的胜负。因此，要特别注意对运动员的情感倾向、深度和稳定等因素进行及时的调节与自我调节和控制。尤其面对强手，在比赛前和在激烈拼搏的比赛中，运动员的情绪必须适度，过于兴奋或消极低沉都会对比赛产生负面的影响。

所以要重视做好赛前的准备。首先，要对运动员赛前心理状态进行分析，对过分激动、淡漠或盲目自信等状态，要分析原因与后果，引导运动员有良好的精神准备状态。其次，要在比赛中采取相应的手段以使运动员保持稳定的心理情绪。所谓稳定情绪，就是使运动员保持比赛中适宜的兴奋状态，把平时的训练水平更好地发挥出来。比赛过程中，随着战局的起伏，运动员常常是由一种情绪状态转入另一种情绪状态。因此，特别要注意区分比赛中陶醉状态与狂热状态、悔恨状态与消极状态。要通过针对性的暗示，鼓舞信心与斗志，消除紧张状态，指出问题与采取防范措施，保证比赛中战斗精神处于振奋状态，并激发比赛中最深刻和最复杂的情感，即运动荣誉感、自豪感、义务感和责任感，从而使运动员的力量、能力和意志得到最大限度的发挥。随之，在比赛后还应对胜利与失败的主要心理表现进行分析，从意志、适应性、思维的正确发挥及其对比赛成败所起的主要作用都要加以讨论，以提高运动员的心理素质和在个性特征方面做出正面的引导。

总之，情绪稳定性在比赛中的作用是十分重要和显而易见的，保持镇定的情绪，是发挥全部潜力的主要因素，是取得比赛胜利的重要条件。

第五节　高校篮球运动比赛心理训练

一、篮球运动员比赛时的一般心理状态

篮球比赛情况千变万化，运动员的心理状态也随比赛性质、任务和战局的变化而不断地变化，一个职业化篮球俱乐部球队的整体训练水平固然是比赛中取得优势的基础，但其良好的心理状态，则是临场技术、战术水平正常发挥的重要保障。在篮球比赛中，强弱的转化往往是以某些心理因素干扰作为突破口的，例如强队败给弱队常是由于心理上的准备不足，所以当临场出现预想不到的比赛局面时，就完全可能陷入被动，其中最为主要的是情绪的变化引起技术的走样、战术的失调，最终导致失败。

（一）比赛前的几种心理状态

1. 防守不积极，对困难估计不足

比赛顺利时，常表现得防守不积极，进攻中处理球随意。一旦遇到困难，特别是面对比分落后的被动局面时，就产生急躁情绪，也容易导致在防守时犯规；进攻中则消极松懈，不讲究基本打法，运用技术、战术也失去正常的动作节奏，导致成功率降低，失误频繁，从而由此造成力量对比上强弱转化。

2. 对强队有两种心理状态

一种是敢于发挥自己的特点，在比赛中积极拼搏，斗志旺盛，从而发挥较好的或突出的竞技水平；另一种是"畏敌"情绪，缺乏取胜的信念，缺乏克服困难的积极性、主动性，往往导致临场出现斗志不高、动作犹豫、缩手缩脚的情况。

3. 对势均力敌的队，容易产生想赢怕输的不良心理状态

这种"怕"的情绪，主要来自信心不足、怕字当头，如怕失误、怕投篮不中，也怕自己发挥不好而影响全队的胜负等。而对如何去克服困难则想得少，得失心太重，导致球场决策行动不果断，反应迟钝。

赛前运动员会对比赛抱有不同的态度和想法，因此，教练员要善于在赛前与赛中做好思想上、心理上的调整工作，克服各种非正常情绪；对与比赛有关的情况，要充分估计，仔细观察，认真考虑，冷静对待。既要鼓励运动员轻装上阵，放下包袱迎接比赛，又要估

计比赛中可能遇到的情况，及时采取措施，增强运动员的信心，全力投入到比赛中去。

（二）临场比赛中常见的几种心理现象

1. 比分领先时常见的心理状态

（1）全队充满信心，士气高涨，技术、战术发挥正常，得心应手，不断扩大战果。

（2）产生松懈情绪，表现在比赛中防守时不积极，进攻时随便处理球，使比赛转化为不利局面。

（3）盲目自信，臆想扩大战果，导致情绪急躁。当攻守暂时失利时，往往会产生急躁，进攻时急于求成，防守时容易出现犯规现象等。

（4）由于思想松懈导致比分起伏时，情绪低落而显得不知所措。一种是表现得紧张、急躁，打法变乱，成功率低；另一种是表现得沉闷、消极、节奏混乱、士气下降。

对上述心理状态，教练员要分清场上主流与支流，及时采取预防、稳定措施，及时相应调整阵容和打法，采取应变策略。

2. 比分落后时常见的心理状态

（1）全队思想统一、攻防积极、充满信心、殊死一搏、顽强应战、士气高昂，从而变被动为主动。

（2）缺乏信心，攻守都缺乏主动性和积极性。

（3）队员之间相互埋怨，互不谅解和理解，导致球场上行动不统一，打法上不协调，全队实力无法发挥。

（4）随着战局与比分起伏，情绪与心理承受能力失控，导致个人或整体出现被动局面。

3. 比分相持和决战阶段时常见的心理状态

（1）全队思想行动一致，决心大，攻守成功率高，甚至能超常发挥。

（2）由于思想上胜负包袱重，导致思路较窄，出现意想不到的决策与攻防战术运用的错误。

（3）由于竞争激烈，导致情绪紧张，出现怕负责任的行为。

（三）比赛中运动员的特殊心理状态

有些运动员常因比赛开局或换上场开始时技术水平发挥得好坏而产生不同的心理状态，如发挥得好就信心十足，反之则信心不足，甚至一蹶不振。

主力替补队员，常有战局变化不利于本队时渴望上场的强烈愿望，由此产生各种心理障碍，一旦上场有时由于过于自信而失常，有时能打出水平，而且能正确对待自己。

一些年轻的队员，由于缺少比赛实战的锻炼，一般心理比较紧张和胆怯，因此一旦上场比赛往往不知所措。然而也有一些年轻队员，性格开朗，跃跃欲试，敢于在场上展示自己与强手争高低的潜能。教练员调配使用时要区别对待。

二、篮球运动员比赛时的心理训练

比赛时由于通过实战分胜负,加上由于对手、裁判员、观众、传媒等因素刺激,必然引起运动员心理上产生不同变化,因此,教练员和运动员都应该重视比赛时的心理训练。通常应以自我调节机制为基础,树立正确的比赛观,调节心理状态,消除紧张情绪,形成良好的心理状态,保证竞技水平的正常发挥,争取比赛的胜利。

(一) 赛前心理训练

1. 赛前的心理状态

一般情况下,如果思想、身体、技术和战术准备较充分,知己知彼,认识统一,运动员在赛前的体力、技术和战术等方面不会有太大的变化,可能变化的是以情绪变化为主的不同心理状态。而造成赛前不同心理状态的原因主要是对竞赛重要性的认识问题,对成功的渴望及对失败的恐惧(想赢怕输),概括起来有以下四种类型。

(1) 最佳竞技状态。这是赛前积极应战的最理想状态。主要表现为对竞赛跃跃欲试、斗志昂扬、注意力集中和有适度的兴奋性等。这种状态的具体表现:清醒地认识自己的力量,具有顽强的斗志和取胜的志向,有适宜的兴奋度,有高度抗干扰的能力,有控制自己的动作思维情绪和整个行动的能力。

(2) 赛前焦虑状态。具体表现为在赛前一段时间生理反应失调,如吃不下饭、睡不着觉、心跳加剧、呼吸不畅、身出虚汗、四肢发凉、尿次增多等。心理表现为提心吊胆、注意力涣散、急躁易怒、坐卧不安、手脚哆嗦、动作僵硬失调、头脑昏沉、兴奋过度等。

(3) 赛前抑郁状态。这是一种"比赛淡漠心理状态"。这种状态表现为运动员对竞赛态度消极、没有欲望、打不起精神、意志消沉、注意力分散、对自己的运动能力产生怀疑、动作呆板、食欲和睡眠不正常等。形成这种状态的主要原因是多次在竞赛中表现不佳,形成了缺乏信心的自卑心理,或因对比赛自估值过高,而实际结果较差所形成的失望感,教练员要分情况对其进行思想教育和针对性的心理调节。

(4) 虚假自信状态。这种状态主要表现为口硬心虚,实际上是缺乏自信心;虚假自信心的实质是认识上的片面性和心理上的一种恐惧症的反映。教练员要善于引导教育运动员,端正其比赛态度,帮助其摆正位置,有针对性地对其进行心理调节。

2. 赛前心理准备

(1) 建立正确的竞赛心理定向。将竞赛心理定向在运动员所能控制的事物上,而不是指向竞赛的结果,这样反而容易把握竞赛、赢得胜利。要明确指出,运动员能够控制的是自己,内因是决定自我的主要因素,竞赛场地、观众、裁判员、对手、气候等外因要通过内因才能起作用。

(2) 教练员要制订竞赛方案。教练员要制订周密的竞赛方案,尽可能地设想一些场上可能出现的情况和需要采取的对策。

（3）调整好赛前心理状态。首先要运用心理诊断的理论与方法来确定并掌握运动员比赛前处于何种心理状态及其程度，其次要有针对性地运用心理调整方法来帮助运动员形成理想的赛前心理状态。

（4）做好全面的准备。仅仅在赛前从心理方面准备是不够的，不能形成心理学上的"木桶理论"，比赛中全队总体水平的发挥，显然也要受到身体、技术、战术等因素的制约。

3. 赛前心理训练内容与方法

赛前心理训练的任务是为比赛做好心理准备，克服心理的不适应性，提高比赛的自我调节能力，为比赛打好心理基础。

赛前心理训练是一种特殊训练，具有鲜明的情景性和较强的针对性。它是利用常规心理训练作基础，从比赛具体情景出发，针对运动员个体赛前的心理特点进行有的放矢的训练，它的好坏决定着运动员技术、战术水平的发挥，直接影响比赛的成绩，所以说它是日常心理训练在特定条件下的延续，又是与比赛的心理训练之间有机衔接的重要一环。在赛前心理训练中，教练员要善于要求运动员的身体素质、心理素质、技术动作和战术配合全面转化到最佳竞技状态，所有这些都要靠运动员赛前的心理训练来完成，赛前心理训练的内容包括以下几个方面。

（1）了解比赛双方队员技术、战术、个性和心理状态的基本特点。制订赛前心理训练的具体任务和实施大纲。训练大纲应从对方队员情况和假想对方可能采用的战术及相应的心理状态，结合我方战术和人员部署以及队员相互关系、心理默契、可承受的心理负担的实际情况来确定心理训练的内容。双方的心理影响实质上是一种心理战术，教练员若能够分析透彻，掌握双方的心理倾向和战术意图，充分做好心理负荷的准备，就能处于主动的优势的地位，产生积极的心理影响，从而增强抵御对方心理压力的能力。

（2）针对运动员心理现状进行模拟比赛的心理训练十分重要。模拟比赛，由于与正式比赛的环境条件相似，不仅可以从中提高运动员的技术动作、战术水平及身体素质的适应力，而且可以借此进行集体的心理训练。在模拟比赛中，应着重训练队员对比赛形势的心理适应性，提高彼此的心理配合、调节能力。对于在模拟比赛中所暴露出的心理障碍，可以有针对性地采取心理调节措施并加以纠正，进行修补训练。在模拟比赛中尽可能记录和收集各种心理反应，并留有充分的时间进行心理调节试验，还要突出心理训练因素，注重心理调节，加强心理指导。

（3）教练员应针对运动员参加比赛时的主要心理障碍进行专门性心理训练。即针对不同的心理障碍，分别训练运动员学会自我放松调节、集中注意力的调节和进行自我控制，提高他们的心理素质，发展他们的心理优势，树立其克服心理障碍的信心，取长补短，发挥心理机能本身的主导调节作用。

（4）准备好心理调节手段。在比赛前应当充分预料比赛中的情况，制订出应付各种情况的心理调节手段，并认真进行练习，达到熟练掌握，以备比赛时应用。心理调节手段的储备要有针对性，以防比赛中的措手不及，这是带有战略性的心理训练措施。

（5）抓好比赛时意志品质培养与教育。其中包括比赛信心和战术思维等方面的心理训练。比赛时运动员的最佳心理状态是由坚强的意志品质和以一般心理素质为基础的良好的专项心理素质，通过全面的实战型的心理训练形成的。一个完整的心理素质结构，单靠运动员的个别心理素质因素是无法取得良好的比赛心理状态和比赛胜利的。为了正确判定运动员的心理素质，在赛前可用心理测量手段检验各项心理指标，从而为培养比赛的最佳心理状态提供客观依据。

（二）赛中心理训练

1. 赛中的心理状态

篮球竞赛不仅要比智慧、比谋略、比体力、比技术和比战术，而且还要进行心理上的较量。比赛不同于训练，除了要承受更强的身体负荷外，还要承受更强的心理负荷。赛中的心理状态一般有理想的、不良的和恐惧的三种。

（1）理想的赛中心理状态是运动员最佳竞技状态的一个重要组成部分。它是指各方面心理机制和谐协调，最有利于发挥运动水平的心理状态。这种"进入角色""找着感觉"的状态反映，一是充分发挥自己的体能，运用自如，省力而不紧张；二是聚精会神，注意力集中地投入比赛的竞争拼搏之中；三是身心和谐协调，动作得心应手；四是感到竞赛是一种职责和义务，也是展示自我的机会，队员间充满协同团结气氛，集体处于这种最能发挥水平的状态。

（2）不良的赛中心理状态是一种消极的不利于全队协同作战的心理状态。主要表现为比赛中过度紧张状态，其构成的重要因素是对竞赛胜负要求过高和负担太重、特定情境下的失去信心、不适应外界环境的干扰、本身训练不足或训练过度、过去比赛的阴影与运动员的基因和神经类型影响等。受到这种过度紧张状态干扰的运动员，常想摆脱干扰而往往事与愿违，越发紧张，这与平时缺乏心理训练和赛前心理准备不足密切相关。

（3）赛中恐惧的心理状态。常有个别运动员容易在比赛中临场对对手产生强烈惧怕心理，未战而先从心理上败下阵来，害怕与其交锋；有的对客观环境和对比赛结局都有恐惧感。产生这种心理的原因大致与过度紧张产生的原因相同，这种情况更容易受运动员的性格和神经类型以及训练水平的影响。

2. 赛中的心理战术

心理战术是指根据比赛中的实际情况施加心理影响的策略，其目的是使本方在比赛的拼争中获得主动与优势，直至获得最后的胜利。

3. 赛中心理训练的内容与方法

(1) 比赛场上的心理调节训练。比赛中心理训练的任务是发展和维持赛前的最佳心理状态,并根据赛场双方心理状态的变化情况,采取心理调节手段。在比赛过程中的心理调节是大量的,如由于对方改变战术,往往会引起运动员心理上的不适应;又如在比赛中,当双方的比分交替上升,赛场形势变化较大时,运动员会因此造成某种心理障碍等。这就要求教练员随时了解运动员内心变化的情况,并准备好各种心理调节手段以备随时运用。如果每名运动员都具有自我调节的能力,教练员只需给予适当的提示。这需要进行长期的心理训练,特别需要教练员和运动员之间形成特殊的心理关系。

(2) 赛场身心恢复训练。比赛是对运动员身心力量的考验,运动员的体力和脑力都消耗极大,特别是那些两队实力相当的比赛场次,其消耗量更大。因此,在比赛过程中,利用比赛间隙进行体力和脑力恢复是非常重要的。教练员必须适时采取心理调节措施,如精神放松和注意力转移等,来加强运动员心理能量的恢复训练,这是坚持比赛并取得胜利的可靠保证。

(三) 赛后心理训练

1. 赛后心理调整的意义

竞赛结束后,运动员不仅会感到身体疲劳,而且也会感觉到心理疲劳。因此,作为教练员在赛后一定要重视心理恢复,因为赛后心理训练的好与坏,会直接影响下次比赛的成绩,这涉及运动员整个心理状态的恢复和发展,也关系到运动员整个个性的发展和完善。教练员要十分清楚赛后运动员的心理活动并没有结束,只是改变了方式,他们隐蔽内心的变化,虽然没有演变到一定程度,但也会以有形的方式表露出来。一次比赛的结束,实际上是下次比赛的赛前准备的开始,教练员应仔细洞察赛后运动员心理状态的表现,当发现其好或不好的倾向和言行时,应及时加以干扰和帮助,要善于捕捉和消除对下次比赛可能产生的隐患,这具有十分重要的意义。

2. 赛后心理调整的方法

(1) 身体、技术、心理的全面恢复。一场比赛,身心力量消耗巨大,随着身体能量供应的不足,技术动作和战术配合的质量都会因此而降低,所以,赛后的心理恢复训练是全面的,主要方法仍然是心理训练的基本方法,要结合具体对象的特点及身心技术和战术变化的情况进行,既要全面又要有所侧重。

(2) 赛后紧张情绪的解除。伴随着比赛而产生的运动情绪并不会随着比赛的结束而消失,有些运动员在比赛中的冲动情绪时常会延续到赛后,如比赛失败而迁怒于人,推卸责任;也有因比赛胜利而得意忘形,听不进善意的劝告,视提意见者为妒忌,或因受表扬而骄横等。这种紧张情绪的消极作用是十分明显的,不仅会继续消耗运动员的身心力量,而且会因长时间不能恢复正常而仍陷于自我陶醉之中。想要解决赛后遗留的紧张情绪,可用放松、注意转移、改变认识等方法，总之，要采取有意识的心理训练措施与方法，不能放任自流。

（3）赛后自我形象的修整。在比赛过程中，运动员的形象随着战局变化而变化，胜时容易夸大、过分美化自己，以理想代替现实的自我形象；败时又会缩小、歪曲自己的形象，缺乏客观的、真实的评价。赛后自我形象修整的任务包括：在头脑中重新恢复自己的本来面目，除去不真实的成分；对于自我形象中的优势与不足，发扬前者，抑制后者；不断地在实战中树立新的理想的发展形象，使运动员的心理状态不断向上，全面发展。常用的训练方法有想象演习法、想象训练法等，前者为整个自我形象的内心表演过程，后者是对形象中的个别成分进行的修复训练。

总之，随着现代篮球竞赛的日趋激烈，胜负的决定因素相互交错，运动员情绪也千变万化，因此，重视全面训练中的心理训练显得格外重要，它不仅影响比赛的结果，而且反映着教练员的智慧才干和运动员的训练水平。

三、篮球运动员心理训练的方法

心理训练已成为现代篮球运动训练系统不可缺少的一部分。一方面，它影响、制约着运动员身体、技术、战术水平的改善和体现；另一方面，它可促进篮球运动员心理过程的不断完善，形成专项运动所需要的良好个性心理特征，获得高水平的心理能量储备，使其心理状态适应训练和比赛的要求，为达到最佳竞技状态和创造优异成绩奠定良好的心理基础。

（一）结合体能的心理训练

现代篮球运动的激烈对抗和快速的攻守转换对运动员的体能要求越来越高，体能训练受到高度重视。体能训练通常是枯燥的，而枯燥感的形成通常是因为训练方法的单一或训练的目标不明确。体能训练是培养运动员目标设置，培养坚韧、顽强的意志品质最有效的方法和手段。

（二）结合技术的心理训练

篮球是技术性要求很高的运动项目，技术训练是任何时期都不可缺少的训练内容。技术训练过程也是提高运动员个人思维能力和表象能力的过程。教练员和运动员在对专项技术发展规律充分理解的基础上，使运动员学会心理训练的方法，使心理训练为技术训练服务。结合技术的心理训练关键在于对技术和心理训练的深刻理解，理解技术本身对心理素质有何要求，理解心理素质如何对技术发挥作用。

（三）结合战术的心理训练

篮球战术训练中包含的最重要的心理训练内容就是思维训练和团结凝聚力的培养。个人思维训练结合个人战术行动进行训练可以培养运动员的战术意识；集体思维训练结合全队和局部战术配合进行训练可以培养运动员之间的配合意识。运动员对场上情况的观察、判断、预测，以及对同伴和对手行动意图的理解，均需要运动员积极的心理参与。可以说，战术训练本质上就是心理训练。另外，增强团队凝聚力，教练员要学会一些特殊的干预方式或策略，结合运动员的具体情况，因人而异，培养团队凝聚力，形成团队风格。

（四）常用的心理训练方法

专门的心理训练方法很多，具体程序可以参考心理训练的专门书籍，教练员可以根据需要选择使用，也可以结合专项创造性地进行。常用的方法有：①放松训练；②暗示训练；③表象训练；④情绪控制；⑤目标设置训练；⑥生物反馈训练；⑦系统脱敏训练；⑧催眠术。

第八章　篮球综合素质训练

第一节　高校篮球核心力量训练

一、核心力量训练的影响因素

核心力量素质训练的影响因素主要包括肌肉的形态结构、人体的生长发育、中枢神经系统的调节以及其他相关训练因素等。

（一）肌肉的形态结构对力量素质的影响

1. 肌纤维的类型

骨骼肌纤维按不同的收缩特性可分为快肌和慢肌两类。快肌产生的收缩力要大于慢肌。因此，在其他条件不变的情况下，机体骨骼肌中快肌纤维百分比越高的人，肌肉收缩的力量越大。一般情况下，人体肌肉的快肌纤维与慢肌纤维的百分比构成大致相同。另外，同一个人红白肌纤维的比例在不同部位不相同，参加肌肉收缩的肌纤维类型在不同负荷、以不同动作速度进行运动的条件也不相同。一般规律是，在一定负荷强度下用较慢的速度完成动作时，红肌纤维起主导作用，如果是快速完成动作，则白肌纤维起主导作用。

2. 肌肉的生理横断面

最大肌肉横断面积指的是横切某块肌肉所有肌纤维所获得的横断面面积，肌肉的生理横断面为该肌肉所有肌纤维横截面的总和。横断面积的大小是由肌纤维的数量及粗细决定的，通常用平方厘米表示，肌肉的生理横断面积决定了该肌肉的绝对肌力，实验研究中发现，当机体在最大用力收缩时，每平方厘米横断面积的肌肉可产生3~8千克的力，因此，机体中肌肉的最大横断面积越大，肌肉的力量就越大，两者成正比，在力量训练中，虽然肌肉横断面积并不能完全解释机体力量所表现出的所有生理学现象，但是增大肌肉横断面积是提高肌肉力量的有效手段之一。

3. 肌纤维的支撑附着面

肌肉内结缔组织增多、肌腱与韧带组织增粗都会改变肌肉的支撑附着面大小，对肌肉的收缩力量也会产生很大的影响。

4. 肌肉的初长度

肌肉收缩前的初长度会影响肌肉力量的大小。因为肌肉拉长时，肌梭将感知肌纤维长度变化而产生冲动，会提高肌纤维回缩力来对抗拉力，当肌肉长度拉到一定程度时将引起牵张反射，可提高肌成的发挥效率。所以，在一定范围内，肌肉的初长度越长，肌肉收缩时所产生的张力和缩短的程度就越大。有研究表明，一个人力量的大小取决于肌肉的体积，肌肉体积的发展潜力又主要取决于个人的肌肉长度（指肌肉两头肌腱之间的长度）。肌肉的长度是先天遗传的，后天的训练对其并不产生任何影响。

5. 肌肉的牵拉角度

肌肉收缩牵拉骨骼做功是杠杆运动的模型。做功时，杠杆移动，肌肉在不同位置的不同角度上牵拉力量大小不一样。当负重屈肘弯举，肘关节角度在115°～120°时，肱二头肌张力最大，30°时肱二头肌张力最小。在运动中，对肌肉的牵拉角度必须进行认真的分析，以方便技术分析、改进技术动作等。

6. 肌肉收缩的形式

肌肉收缩的形式不同，对肌肉力量的大小及其特点带来的影响也不同。肌肉收缩的形式主要包括动力性离心退让性收缩、动力性向心克制性收缩、等动性收缩、静力性等长收缩等。

动力性离心退让性收缩的特点是：当肌肉收缩时，张力增加的同时肌肉的长度也会增加。动力性向心克制性收缩是力量素质训练的主要形式，其特点是：肌肉工作时，肌肉长度逐渐缩短，肌肉在缩短过程中，张力随着关节角度的变化也发生改变。等动性收缩的特点是：在整个关节活动范围内，肌肉始终以某种张力收缩，而收缩速度始终恒定，它能集等长收缩和等张收缩的优点于一身，使训练者的肌肉在各个关节上所用的力达到均衡，并且都具有足够的刺激。静力性等长收缩的特点：是虽然张力发生变化，但其肌肉长度基本不变，在整个动作过程中肢体不会产生明显的位置移动。

（二）人体的生长发育对力量素质的影响

1. 年龄因素

年龄是力量素质的重要影响因素之一。10岁以前，男女肌肉力量都保持缓慢而平稳的增长，二者区别不大。从11岁起，男生的肌肉力量增长比女生快，男女最大肌肉力量的差异开始明显增大。青春期过后，机体的肌肉力量增长速率降低，13～16岁是力量素质发展的敏感期，最大肌肉力量进入快速增长的第一个高峰。16～17岁是最大肌肉力量快速增长的第二个高峰，这一时期肌肉横向增长速度加快，最大肌肉力量和相对力量增长加快。男生在20～30岁达到最大肌肉力量，女生在20岁左右达到最大肌肉力量。40岁以后，人体大部分肌肉力量开始衰退，70岁时，人体大多数肌肉的力量只有其鼎盛时期的30%～60%，可见，年龄因素是影响人体力量素质的重要因素之一。

总体来说，人体在青少年时期力量增长的特点如下：①快速力量先于最大力量。②最大力量先于相对力量。③长度肌肉力增长先于横度肌肉力增长。④躯干肌肉力先于四肢肌肉力增长。

2. 性别因素

男女性别的差异，会造成生理上肌肉力量的差别，通常，男子的力量比女子的大。例如，一般成年男子肌肉重量占体重的40%～45%，而女子则占35%左右。科学研究证明，女子的力量平均约是男子力量的2/3，但并不是所有肌群都成此比例。如果男性力量为百分之百，那么女性的前臂屈、伸肌群大约为男性的55%；伸肌、髋关节屈肌、小腿屈肌、咀嚼肌约为男性的80%；手指内收肌、小腿伸肌约为男性的65%。这是由于人体肌肉力量受到身体内的睾酮激素调节，正常男子这种激素比正常女子多，因此男子的力量大于女子的力量。

3. 身高和体重因素

身高和体重也对力量产生重要影响。体重大的人通常力量大，体重小的人，力量也相对要小些。运动员体重与其最大力量比值不变时，如果增长体重，最大力量也随之增长。

身高与力量的关系比较复杂，它们之间没有必然的联系。如身体高又壮，固然力量大，但是身体矮粗壮，力量也不会小，所以常常把体重与身高联系起来考虑。

(三) 中枢神经系统的调节机能对力量素质的影响

1. 中枢驱动

中枢驱动是指人体中枢神经系统动员肌纤维参加收缩的能力。在运动实践中，人体肌肉在进行最大用力收缩时，只有一部分肌纤维同时参加收缩。动员与参与活动的肌纤维数量越多，肌肉收缩产生的力就越大。经过训练，机体肌肉可动员90%以上的肌纤维参加收缩。研究表明，中枢驱动作用主要表现为支配肌肉运动神经元的放电频率及其同步化的变化，而力量训练能有效地提高运动神经元的放电频率，从而增强中枢驱动。

2. 中枢神经兴奋性

人体中枢神经系统兴奋性高时，机体会大量释放肾上腺素、乙酰胆碱等生理活性物质，这些物质将会对肌肉力量产生非常大的影响。例如，人在极度激动或危急的情况下会发挥超常力量，这就是机体中枢神经高度兴奋而最终影响机体肌肉力量的结果。研究表明，当人的情绪极度兴奋时，机体会分泌大量的肾上腺素，提高肌肉的应激性，同时中枢发出强时集中的神经冲动，迅速动员机体的"储备力量"，使运动单位成倍增加并参与工作。科学的力量训练，可促进神经系统功能的完善，从而增加肌肉力量。需要说明的是，在训练早期，肌肉力量增加的同时肌肉体积并没有随着增加，在训练后期，肌肉力量的增加则更多受肌肉体积的影响，这说明人体的适应机制在力量训练的各时间段不同。

3. 神经中枢对肌肉工作的协调及控制能力

人体任何动作的完成都需要很多肌肉参与，不同的肌肉块在完成动作时，受不同的神经中枢的支配。有专家研究证明，神经冲动的合理频率的提高，能使运动员情绪高涨，从而引起调动肌肉工作的肾上腺素、去甲肾上腺素、乙酰胆碱及其生理活性物质的释放，使力量增大，肌肉收缩达到最佳效果。因此，改善机体不同神经中枢之间的协调关系，有助于提高肌肉的协调能力，使各肌肉群在参加工作时各司其职，协调一致，从而发挥出最大的收缩力。在力量素质训练中，提高主动肌运动单位活动的同步化程度，有利于肌肉产生更大的收缩力量。

4. 神经过程的频率与强度

神经传导电脉冲引起肌肉的收缩，一次脉冲可以引起肌肉收缩一次。如果新的脉冲信号在肌纤维还没有完全松弛时又传来，就会出现肌肉的重叠收缩，可以产生更大的力量。科学的训练能促使训练者的中枢神经系统传出频率高、强度大的神经冲动。

（四）其他相关训练因素对力量素质的影响

在体能训练中，力量的大小和特性会受到运动训练的重复次数与负荷强度、动作速度、训练方法等许多因素的影响。

1. 重复次数与负荷强度

实践证明，在训练中，大负荷、少重复会取得较好的训练效果。特别是在肌肉群受到超负荷训练后，力量素质会得到有效的发展。如果重量小、重复次数多，那么主要发展的是肌肉耐力；如果重量与重复次数都适中，那么可以明显增大肌肉体积。

另外，在重复训练中，如果每组练习的间歇时间都较短，机体消耗的能量得不到恢复就进行下一组的练习，那么机体生理、生化等指标就会下降，肌肉力量的发挥也会呈下降趋势。反之，如果每组练习的间歇时间较长，在进行下一组练习前机体消耗的能量能得到恢复，那么发展力量的效果就好。

如果停止力量训练，那么力量大约以提高速度的 1/3 的速度消退。力量提高快，停止训练后消退也快。长时期逐渐练出来的力量，停止训练后能够保持较长的时间。

2. 动作速度

动作速度对力量的发展有着至关重要的作用。例如，练习时既注意加快单个动作速度，也注意加快动作的频率（重复若干次数），可以发展一般速度力量；练习时尽量加快动作的速度，尤其是单个动作速度，可以有效地发展爆发力。

3. 训练方法

不同的训练方法对力量的大小和特性的影响也不同。等张收缩的动力性练习可以明显提高肌肉的爆发性力量和灵活性，等长收缩的静力性练习可以提高静止性用力的力量。

二、核心力量训练在篮球训练中的作用

首先，从篮球技术的角度来看，无论是进攻技术的传接球、投篮、运球、持球突破，还是防守技术的抢、断、打球，以及防守对手、所属篮球技术的移动和抢篮板球，无一例

外都对核心部位的力量有着特殊的要求。篮球运动员的技术动作要求比较精细，不仅要求运动员要有敏锐的时空判断能力，而且对用力的大小、方向也有很高的要求。巧妙地运用技术动作实施进攻和防守，是靠全身各个部位的协同合作来完成的，这种合作的基础就是核心部位力量的合理使用。其次，如何提高篮球运动员的专项力量素质，已成为当前篮球训练的关注热点。因为篮球运动员只有具备了高水平的力量素质，才能在场上有效地发挥技战术配合和对抗能力。同时，篮球运动员的力量素质具有全面发展的特点，这种特点要求上肢、下肢、腰背部肌群均衡发展，而把这些串接在一起并发挥最大作用的就是核心力量的合理运用。最后，核心力量不仅是篮球运动员上肢力量和下肢力量连接的桥梁，也是全身力量协调发力的基础，更是有效预防肌肉拉伤的关键。

（一）核心力量训练对篮球运动员的技术动作具有关键的支持作用

运动技术的优劣主要取决于肌肉的发力、肌肉间的协作能力、以及高速运动中身体重心的控制能力，这些能力的形成和提高主要取决于核心力量的水平。"跳投"是篮球运动中一项最基本的技术，实战价值极高，其中重要的技术要素之一就是全身的协调用力。从双脚蹬地发力，提腹伸腰，到最高点双手持球完成准备出手的投篮姿势，再到空中停顿的刹那间，手臂、手腕、手指连续发力完成投篮动作，到最后的身体落地，屈膝缓冲，准备冲抢篮板球和回防，整个"跳投"的过程就是身体各部位综合、协调用力的过程，这是投篮动作的关键环节。从实战的角度来看，跳得越高，越容易躲避对手的封盖；滞空时间越长，越可以在空中充分完成投篮前的准备动作；协调用力越合理，越可以有充足的力量将球投出；当遇到故意犯规时，良好的重心控制能力还可以在受干扰的情况下继续完成投篮，"赚取"加罚的机会。下肢、腰腹、上肢的力量汇集到手腕、手指，最后将球投出，这个串联过程的优劣对应着技术的优劣。由此可以看出，核心力量在篮球运动员技术动作上的分量。

（二）核心力量训练对篮球专项力量素质有促进和补充的作用

篮球运动员的力量素质具有全面发展的特点，它不仅要求运动员的上肢、腰背、下肢肌肉群均衡发展，而且要求肌肉要有很强的爆发力、耐久力，能适应现代篮球场上的高对抗、高拼抢、高敏捷、高消耗等。核心力量可以促进各方面力量的整合，使各方力量能在场上充分地发挥出来，最大限度地应对力量上的争夺，同时节省下来多余的力量，达到降低耗能的效果，在耐久力上更胜一筹。核心力量还可以使篮球专项的速度素质、耐力素质、灵敏素质、弹跳素质、柔韧素质得到充分的发挥。

（三）核心力量训练可以提高篮球专项运动员机体的工作效率

核心力量可以提高整个机体力量运用的工作效率，降低能量的消耗。有强有力的核心力量作为保障，躯干能够得到稳固的支持，四肢的应力也能随之减小。由于肢体能够做出更加协调的技术动作，力量的传递效果加快，运动的效率也因此从整体上提高了。

(四) 核心力量训练可以有效地预防篮球项目中的运动损伤

核心力量能很好地预防损伤。运动员在进行快速发力动作时，强有力的核心肌群能够确保肢体在动作过程中保持正确的位置，深层小肌肉群的稳定功能会起到关键的保护作用。同时，核心力量还有助于篮球运动员在跳起过程中把握身体的重心，使脚在落地时的支点与身体重心的投影点处在一个合理的位置上，从而减小运动员在落地支撑时受伤的概率。

核心区是连接上肢和下肢的关键区域，任何优异的运动成绩的取得不可缺少的因素就是核心区的训练。在此还要说明一下，核心区的力量训练与核心训练有质的不同。核心区的训练包括腹部、腰部、腹部两侧的肌肉的训练，核心训练要看训练内容、方法、手段等才能界定。所以，在进行核心训练的同时，要懂得对核心训练的机制与实践有一个清晰的认知，这样才能更清楚地看到核心训练的重要性。

三、核心力量训练的基本方法

(一) 屈膝半蹲的核心力量训练动作

动作要领：运动员站立在平坦的地面上，将两脚分开，分开幅度以与肩膀同宽为宜，将双手叉在腰部，慢慢弯曲膝盖往下做半蹲。在完成动作的过程中，一定注意上体要始终保持直立，不可因为下蹲而弯曲。在维持下蹲姿势时，幅度不宜过大，大腿和小腿之间角度保持在150°左右即可。

训练要求：刚开始的强度不宜过大，屈膝半蹲项目训练每次进行2~3组，每组保持20秒。

(二) 仰卧屈膝的核心力量训练动作

动作要领：运动员仰卧在垫子上，将两手平放在身体的两侧，双手不要接触身体，也不要抓住垫子。在此基础上，将小腿抬起的同时，弯曲膝盖，并保持此动作。仰卧屈膝动作主要是锻炼运动员下半身的力量。为了保证锻炼的效果，在做这个动作时要注意放松上身，上身不要因为太紧张而用力。屈膝的幅度以大腿和小腿之间角度保持90°为宜，同时保持小腿和地面之间平行。

训练要求：仰卧屈膝项目训练时，依照循序渐进的原则，在第一周训练时完成2~3组，每组保持20秒；第二周训练时完成3~4组，每组保持25秒；以后训练时完成3~4组，每组保持30秒。

(三) 仰卧抬腿的核心力量训练动作

动作要领：运动员仰卧在垫子上，将两手平稳地放在自己身体的两侧，双手不要接触身体，也不要抓住垫子。在此基础上，慢慢将大腿抬起，直至大腿与地面成直角。这个动作会锻炼运动员的腹部与腿部肌肉。在完成过程中，一定要保持注意力集中，并且要使自身的腿部和腹部始终保持紧张的状态。

训练要求：仰卧抬腿项目训练时，依照循序渐进的原则，在第一周训练时完成2~3组，每组保持20秒；第二周训练时完成3~4组，每组保持25秒；第三周和第四周训练时完成3~4组，每组保持30秒；之后几周训练时完成3~4组，每组保持40秒。

（四）俯卧三点支撑单手前平举的核心力量训练动作

动作要领：运动员俯卧在地面上，将手臂放在身体的正前方以肘部支撑地面，并保证双肘部关节彼此相互平行。将两腿和两脚并拢合在一起，伸直两腿并且用脚尖维持身体的重量点在地面上，形成两肘部和脚尖三点点地支撑。保持平衡后，先将左手手臂慢慢伸直往前平举，直至左手手臂与地面平行为止；之后，收回左手手臂，继续回到两肘部和脚尖三点支撑的姿势，将右手手臂慢慢伸直往前平举，直至右手手臂与地面平行为止。至此，完成一次俯卧三点支撑单手前平举练习。要注意在做此动作的全过程中，使身体一直保持平衡，尤其是在双手手臂做伸直平举的动作时，要想使身体保持平衡，就需要运动员的背部、腰部和腹部一直保持紧张的状态。

训练要求：俯卧三点支撑单手前平举的训练依照计划安排在第三周和第四周，第三周和第四周训练时均需完成3~4组，每组保持30秒。

（五）侧卧肘支撑的核心力量训练动作

动作要领：运动员侧卧于地面上，先将左肘肘部关节支撑在地面上，两腿和两脚并拢，将两腿伸直支撑在地面上，做好准备动作后，将右手手臂向侧上方伸直举起；做完一侧后，完成另外一侧的对立动作，还是保持侧卧，将右手肘肘部关节支撑在地面上，两腿腿部伸直支撑地面，之后将左手手臂向侧上方伸直举起。左肘侧卧和右肘侧卧各做一次，算是完成一次侧卧肘支撑的核心力量训练动作。侧卧肘支撑动作在完成过程中，要保持身体的稳定和平衡，保持双腿并拢，并使双腿完全伸直。同时，要保持身体的紧张感，收紧腹部，使整个身体都处于一条直线上。

训练要求：侧卧肘支撑项目训练时，依照循序渐进的原则，在第一周训练时完成2~3组，每组保持20秒；第二周训练时完成3~4组，每组保持25秒；之后几周训练时完成3~4组，每组保持40秒。

（六）直臂俯卧三点支撑的核心力量训练动作

动作要领：运动员俯卧于地面上，先将双手手臂伸直支撑在地面上，两腿和两脚并拢伸直，并使脚尖支撑在地面上。做好准备动作后，将左手手臂向前伸直并举起，使左手手臂与地面平行；做完一侧后，完成另外一侧的对立动作，还是保持俯卧，将双手手臂支撑在地面上，两腿腿部伸直并使脚尖支撑地面，之后将右手手臂向前伸直举起，使右手手臂与地面平行。左手手臂支撑侧卧和右手手臂支撑侧卧各做一次，算是完成一次直臂俯卧三点支撑的核心力量训练动作。在完成直臂俯卧三点支撑的过程中，要保持身体的稳定和平衡，保持双腿并拢，并使双腿完全伸直，同时，要保持身体的紧张感，收紧腹部，使整个身体的躯干部分和腿部都处于一条直线上。

训练要求：直臂俯卧三点支撑的核心力量训练从第三周开始，第三周和第四周训练时完成 3～4 组，每组保持 30 秒；第四周到第八周训练时完成 3～4 组，每组保持 40 秒。

（七）屈臂俯卧两点支撑的核心力量训练动作

动作要领：运动员俯卧于地面上，先使胳膊肘弯曲，以双肘支撑在地面上，两腿和两脚并拢伸直，并使脚尖支撑在地面上。做好准备动作后，将左手手臂向前伸直并举起，同时将右腿向后向上伸直平举，尽量使左手和右腿伸直后在一个平面上，并且与地面平行；做完一侧后，完成另外一侧的对立动作，还是保持俯卧，将双肘支撑在地面上，两腿腿部伸直并使脚尖支撑地面，之后将右手手臂向前伸直举起，左腿向后向上伸直平举，使右手手臂与左腿伸直并与地面平行。这样交互完成一次之后，算是完成一次屈臂俯卧两点支撑的核心力量训练动作。在完成屈臂俯卧两点支撑动作过程中，要保持身体的稳定和平衡，使背部维持在紧张的状态下，在抬起一侧手臂和另一侧腿的时候，要保持身体的稳定性，不可晃来晃去。

训练要求：屈臂俯卧两点支撑的核心力量训练从第三周开始，第三周和第四周训练时完成 3～4 组，每组保持 30 秒；第四周到第八周时完成 3～4 组，每组保持 40 秒。

（八）仰卧提臀的核心力量训练动作

动作要领：运动员仰卧在垫子上，将两手平稳地放在身体的两侧，肩部紧贴在垫子上。在此基础上，双腿并拢，使膝部和小腿向下弯曲，将双脚踩在垫子上，之后，臀部上抬，利用髋部的力量，使自己的身体维持在一个平面上。要注意，抬起身体之后，肩膀也是一直紧贴在地面上的，要保持身体处于紧张的状态下，双手不要用力，利用腹部、髋部和腿部的力量支撑身体，并保持身体的稳定和平衡。为了使身体处于同一平面上，一定要让注意力集中在整个动作上，而髋部是上半身和下半身的连接点，也是准确地完成整套动作的关键点。

训练要求：仰卧提臀的核心力量训练在第四周训练时完成 3～4 组，每组保持 30 秒。

（九）侧卧抬腿的核心力量训练动作

动作要领：运动员保持侧卧的姿势支撑在垫子上，左前臂和左手手掌贴着垫子，将右手轻轻放在垫子上，保证左侧髋部置于左肘关节的延长线上，想象自己的身体夹在了两块玻璃中间，之后，弯曲左腿的小腿并保持大腿和小腿之间成 90°角，将右腿伸直的同时勾住脚尖向上。做好准备工作后，右脚脚踝内侧离开地面，垂直地面向正上方抬起，保证训练姿势不变形的情况下，右腿抬置最高点时稍停顿，再匀速下落，在右侧脚踝内侧快要接近地面时继续向上抬起，重复之前的步骤；一侧的动作完成之后，再完成另一侧的对立动作。在做这个动作的时候要注意使背部一直有紧张感，并保持身体的固定，将注意力集中在双腿上。

训练要求：侧卧抬腿的核心力量训练从第二周开始，第二周训练时完成 3~4 组，每组保持 25 秒；第三周和第四周训练时完成 3~4 组，每组保持 30 秒；第四周到第八周训练时完成 3~4 组，每组保持 40 秒。

第二节　高校篮球速度素质训练

一、影响速度素质的因素

速度素质包括反应速度、动作速度与位移速度。三者之间既有联系，又有区别，特别是在内部机制方面，反应速度、动作速度与位移速度具有较大的差异，反应速度着重表现在神经活动方面，而动作速度与位移速度则着重表现在肌肉活动方面。

（一）影响反应速度的因素分析

反应时是决定反应速度快慢的基础。反应时也称反应潜伏期，是指运动员接受刺激与做出肌肉动作之间的应答时间。反应潜伏期的存在涉及以下过程：第一，某些感觉器官被刺激而唤起兴奋；第二，兴奋沿传入神经传到中枢；第三，一旦兴奋冲动传到大脑中枢，就要根据过去的经验进行分析，刺激方式越复杂，在中枢分析的时间就越长；第四，沿着传出神经，把中枢所发出的冲动传到相应的肌肉群；第五，肌肉根据刺激的特点与要求，做出相应的回答，整个过程都有时间延搁，其中以在大脑皮层内延搁的时间最长。

反应时间的长短主要取决于以下因素。

1. 感受器（视、听、触觉等）的敏感程度

感受器越敏感，越能缩短对各种信号刺激的感受时间，感受器的敏感程度在相当程度上受到注意力集中程度与指向以及感受器疲劳程度的制约。如射击运动员长时间地进行瞄准练习后会产生视觉疲劳，反应时就会延长。

2. 中枢神经系统机能

中枢延搁是大脑中枢对刺激信号分析的结果。刺激信号的选择性越大，反射活动就越复杂，历经的突触也越多，分析的时间也就越长。中枢对刺激信号的分析时间主要和两个因素有关：其一是中枢神经系统的兴奋性，其二是条件反射建立的巩固程度。例如，中枢系统兴奋性高时反应时就会明显缩短，疲劳时反应时则延长。又如，随着动作技能的日益成熟，反应时会明显缩短。简单反应时平均可以缩短 11%~18% 的时间，而复杂反应时则平均可以缩短 15%~20% 的时间，并且反应的稳定性也有很大程度的提高。

3. 效应器（肌纤维）的兴奋性

有材料表明，肌肉紧张比放松时其反应时要缩短 5% 左右，另外，肌肉疲劳时反应时

明显延长。根据以上分析,注意力的集中程度与指向、疲劳程度与反应过程的巩固程度对反应速度有相当大的影响,在反应速度的教学与训练中要引起充分的重视。

(二)影响动作速度与位移速度的因素分析

动作速度与位移速度的主要特点都是通过肌肉系统进行最大限度地快速活动的形式,在最短的单位时间内完成动作。由于人体肌肉活动的形式与质量受到形态、生理、心理、力学、技术等方面的影响,故影响动作速度、位移速度的因素也表现为多方面。

1. 人体形态

人体形态对速度的影响,主要在于四肢的长度。在其他条件相同的情况下,上下肢的长度与该部位的运动速度成正比。上下肢越长,该部位的运动速度就越快,人体四肢的运动形式是肢体绕关节轴的转动,效应部位(手或脚)离轴心的距离越远,运动速度就越快。对运动速度要求较高的体育竞技项目,如篮球等,都会把人体形态作为一个重要的选材指标。

2. 神经活动过程的灵活性

神经活动过程的灵活性主要指运动神经中枢兴奋与抑制之间快速的转换能力以及神经与肌肉之间的协调能力。人体部位各种形式的快速运动,都是神经中枢活动高度协调的表现,只有高度协调,才能保证在快速运动时,迅速地引起所必要的肌肉协作参与活动,并抑制对抗肌的消极影响,发挥出最高速度。另外,神经活动过程的灵活性不仅影响肌肉的猛烈收缩,而且对肌肉随意放松的能力也有直接的作用,随意放松肌肉是神经中枢合适的抑制状态造成的。运动员在发展位移速度时,如果能充分放松肌肉,就能较长时间维持高速运动。

中枢神经系统兴奋与抑制转换的持续时间,与转换速度的快慢有关,转换速度越快,转换持续时间越短。在进行高速运动时,中枢神经很快就会疲劳,从而降低运动速度,甚至会使运动完全停止。所以,发展最高速度时,要考虑中枢神经系统的特点,时间不能过长,否则会适得其反。

3. 力量发展水平与技术

在许多运动项目中,力量的发展水平与技术因素是影响动作速度和位移速度的重要因素。从力学公式可以知道,力量等于人体质量与加速度的乘积,力量是引起人体加速度的原因,在质量不变的情况下,力量越大则加速度也越大,加速度越大,人体运动速度就越快。由于人体质量与人体加速度成反比,故要最大限度地提高人体加速度,对力量的要求更偏重于相对力量,相对力量越大,肌肉就越容易在运动时克服内外部阻力,产生快速的收缩。

另外,动作速度和位移速度往往也受到技术的影响,运动员的快速能力在很大程度上取决于完善的运动技术。动作的幅度与半径大小、工作距离的长短与时间、动作的方向与角度及部位等均与速度的快慢有密切关系。合理、有效的技术可以通过缩短运动杠杆、正确摆正重心、有效地使用能量等作用而快速完成动作，并能使动作完成更省力。遗传影响，后天不可能将其转化，只能通过中间型肌纤维的作用进行功能上的代偿。人体肌肉白肌纤维百分比越高，快速运动的能力就越强。例如，速度性项目优秀运动员的白肌纤维比耐力性项目运动员的白肌纤维多得多。

4. 肌纤维的类型和肌肉用力的协调性

肌肉的快速收缩是速度素质的基础。从肌肉的结构来看，人体骨骼肌分为白肌纤维（快肌纤维）、红肌纤维（慢肌纤维）和中间型纤维三种。白肌纤维主要靠糖酵解供能，并具有较高的脂肪、三磷腺苷（ATP）、磷酸肌酸（CP）含量，但活动时容易疲劳。不同的人体内，白、红肌纤维占的百分比是不同的。

另外，良好的肌肉弹性以及主动肌和对抗肌之间的协调交替能力也是实现快速运动、准确完成动作技术的重要保证。关节的柔韧性对大幅度完成动作（如步幅）的作用十分明显，这对要求快速奔跑的项目十分重要。因此，在发展速度（特别是位移速度）的过程中，安排适量的柔韧性练习，对速度素质的提高有积极意义。

5. 肌肉中能量物质的储备与能量物质分解以及再合成的速度

肌肉收缩的速度首先决定于肌纤维中动用化学能的速度与强度以及化学能转变为收缩机械能的速度与强度。这在很大程度上决定于兴奋从神经向肌肉传导的速度与强度，以及释放和分解三磷腺苷（ATP）的数量和速度。所以，速度与肌肉中三磷腺苷（ATP）的含量有关，与神经冲动传入肌肉时三磷腺苷（ATP）的分解速度有关。其次，快速能力是以肌肉收缩和舒张的迅速转换为前提的。要使肌肉舒张，并能进行下一次收缩，必须使它收缩时所消耗的三磷腺苷（ATP）有比较完全的恢复和再合成。如果三磷腺苷（ATP）完全耗尽，肌肉就不能继续工作。因此，速度又取决于肌肉收缩的间歇中三磷腺苷（ATP）再合成的速度。肌肉快速收缩中，三磷腺苷（ATP）的再合成是靠肌肉中磷酸肌酸（CP）分解释放出的能量来完成的。磷酸肌酸（CP）也是速度素质的物质基础。人体快速运动的能力越强，其肌肉中磷酸肌酸（CP）的含量就越高，同时肌肉中糖酵解（EMP）的活动能力也越强。同样，速度训练除了能增大三磷腺苷（ATP）的再合成能力外，还能增加肌肉中能量物质的储备和能量物质迅速被利用的能力。

6. 注意力的集中程度

动作速度与位移速度除受以上因素影响之外，还和运动员注意力的集中程度有很大关系。注意力的集中程度实际上是一种心理定向能力，这种能力不仅能影响中枢神经系统兴奋与抑制快速转换的速度，而且对肌肉纤维的紧张程度与收缩效果有巨大作用。另外，注意力集中程度的作用还表现在人体对快速随意运动的感觉与控制，这对发展人体快速能力是十分重要的。因此，在发展速度素质的练习中，千万不能忽视对运动员注意力的要求。

此外，运动员是否有勇敢顽强的精神，是否有坚定不移的信心、意志以及果断的性格，能否保持适度的兴奋和稳定的情绪等，都是影响运动员速度素质提高和发展的重要因素。

除上述影响速度素质的内在因素外，速度素质的提高还受一些外部因素的影响，如气候、温度、环境等，这一切在发展速度素质的过程中都应被充分重视。

二、篮球一般速度训练方法

（一）反应速度的训练

篮球运动员在进行反应速度训练时应注意以下几点：第一，熟练篮球运动的各种技术动作，增加技术动作的信息量，提高人体的感知能力，缩短反应时的潜伏期；第二，可采用起动跑、追逐球、运球起动等练习，缩短运动各重要环节的反应时间。

一般来说，发展篮球运动员基本的反应速度能力主要有以下几种方法：①练习者根据声音、动作、哨声、口号等信息迅速做出正确的反应。②练习者对突然发出的信号快速做出某一个相应的动作。③移动目标的视觉反应练习。练习者在看到目标后，迅速做出应答反应。④在训练中通过有意识地增强外部刺激因素，使练习者迅速做出反应，提高反应速度。⑤选择性练习。教练员事先规定好几种信号，然后随意发出任意一个信号，练习者根据实际情况做出规定的反应。

（二）动作速度的训练

篮球运动员进行动作速度的练习时应特别注意以下几点：第一，集中注意力，加强单个动作的关键环节和组合动作的衔接速度，提高完成动作的速度；第二，在保证动作质量的前提下，提高完成动作的效率，可采用在规定时间内提高完成动作次数，或缩短完成规定动作次数的时间等方法来训练。

发展篮球运动员基本的动作速度的方法主要包括以下几种：①减小阻力练习。如减轻器械的重量、顺风、下坡跑等练习。②缩小空间、练习时间界限等提高动作的速度，如篮球小场地练习，在规定时间内完成一定数量的练习等。③以最快的速度完成小步跑、高抬腿跑、后蹬跑、摆臂等专门练习，或采用立定跳远、跨栏、行进间单双足跳等练习提高爆发力，都有助于发展动作速度。④利用外界助力提高动作速度，如利用加助力跑，克服"速度障碍"，提高跑的频率；利用语言或信号刺激，提高完成动作的速度。⑤通过提高各个动作的熟练程度和各个动作之间的相互连接，提高成套动作的运动速度。

（三）移动速度的训练

篮球运动员的移动速度与运动的频率和技术动作的幅度之间有直接的关系，实际上，提高篮球运动员的移动速度的素质主要是提高运动频率和运动幅度。运动频率的训练是在保证一定动作幅度的情况下，通过改进和提高基本技术，在一定时间内尽可能多地完成动作的次数；运动幅度的训练主要是通过改进和提高基本技术动作，提高肌肉的协调性和伸展性、关节的灵活性以及肌肉的力量素质等，以达到最大限度地利用运动员的身体条件的目的。

篮球运动员移动速度素质的训练主要有以下几种：①提高最高速度能力，可采用较大强度的短距离间歇跑、变速跑、反复跑或比赛等练习方式。②提高步幅，可采用发展腿部力量的负重练习，提高髋、膝、踝、肩关节肌群等的柔韧性练习。③提高步频，可采用快速小步跑、短距离冲刺跑，如起跑接加速跑、后蹬跑转加速跑和下坡跑等的练习。

三、篮球专项速度素质训练

（一）结合篮球专项反应速度的训练

1. 截断球

由教练员提供不同方向的球，练习者随时起动断球。

2. 抢球游戏

用实心球围成一个圆圈，球数比练习人数少一个，游戏开始后，练习者绕球圈外慢跑，听到信号各人就近抢球，没有抢到球的人被淘汰，并去掉一球继续进行游戏，每进行一轮成功者得一分，谁得分多谁为胜。

3. 接传不同方向的来球

几人从不同方向给一人传球，一人接不同方向的来球。

4. 抢接球练习

几人排成一排，教练从他们身后向前抛球，练习者见球后快速行动抢接球。

5. 反应突变练习

练习者听各种信号做滑步、上步、交叉步等，移动、转身、急停、接球、上步垫球等模仿练习。

（二）结合篮球专项动作速度的训练

1. 快速体侧传接球

两人相距3～4米站立，用2～3个篮球，按顺时针方向，做快速体侧单手传接球练习。

2. 快速胸前传接球

两人相距6米站立，做快速胸前传接球。要求传接技术正确，传球速度越快越好。

3. 转身起跳击球

吊球悬挂在距墙3米处，高度因人而异，原地起跳用手击吊球后空中转体180°落地，接着转身起跳击球。

4. 移动断球

两名队员相距6米站立，做快速不间断传球。中间一名防守者在移动中断球，如得到球后将球传给传球者。

5. 移动打球

6人站成相距2米的等边六角形，5人体前各持一篮球，听信号后徒手队员快速移动循环拍打站立者手中的球。每次移动打球20次，计算完成时间，依次进行。

6. 运球绕障碍

篮球场上纵向放置5个障碍物，间距2米，队员听信号后做快速运球绕过障碍物往返跑，可以竞赛方式计时，不得触碰障碍物。

（三）结合篮球专项移动速度的训练

1. 运球接力

队员在篮球场端线站立，听信号后快速运球跑到另一端线折回，手递手将球传给第二人。

2. 全场运球上篮

从端线开始，队员听信号后做全场运球上篮，投中后返回，不中要补进，要求不准带球跑。

3. 起动运球跑

队员背对球场在端线蹲立，手持篮球，听信号后立即转身做全速运球跑，到中线后折回端线，要求起动速度快，运球速度快，球不得远离身体。

4. 运球追逐跑

以10米为半径画一个圆圈，两人在圈外相距4米做原地运球，听信号后转身沿弧线运球追逐跑，后面的人追上前面的人用手拍击其背部时，两人同时转身运球交换追逐。

5. 起跳冲跑

队员在篮下站立，听信号后连续起跳，手摸篮板5次，后接冲刺跑到中线折回，要求起跳动作不得有停顿，一气呵成。

6. 滚球接力

队员在篮球场端线站立，球放在地上，信号开始用手滚动球到另一端后返回，手递手将球传给第二人，依次进行，要求球不能离开地面，以竞赛方式计时进行。

7. 两人推进上篮

端线开始，两人做快速跑动传接球上篮，不准运球，规定传球3~4次以内，不得走步违例。

8. 快速跑动传接球

5~8名队员均匀分布在直径15米的圆内，持球者在圈内跑动，依次向各位置队员做传接球，要求不运球，传球快速准确。

9. 接球上篮

队员端线持球站立，把球传给中圈站立的教练员，迅速向前冲跑，接教练员的高抛、地滚等难度较大的传球上篮，要求侧身跑进，在不减速情况下，接球上篮。

第三节 高校篮球耐力素质训练

一、影响耐力素质的因素

（一）中枢神经系统的功能

中枢神经系统的功能对耐力素质有很大的影响。首先，在耐力练习中，神经系统的活动特点是兴奋与抑制长时间地保持有节律的转换，这种转换是人体能够长时间工作的首要条件。其次，中枢神经系统通过交感神经对肌肉、内部器官和各神经中枢起适应与协调作用，如各神经中枢间的协调性程度、神经中枢与运动系统间的协调性程度、运动系统间的协调性程度等，对提高肌肉活动的耐力水平具有重要意义。除此之外，中枢神经系统还能通过神经体液的调节，提高人体的耐力素质水平，如加强肾上腺素的分泌和肾上腺皮素激素的分泌，能使心血管系统和肌肉工作能力提高，从而提高耐力水平。从上可知，中枢神经系统的功能对耐力素质有制约作用，反过来，耐力素质的练习又能促进中枢神经系统有关方面功能的提高，这一点在发展耐力素质过程中要引起充分重视。

（二）个性心理特征

运动员的运动动机与兴趣，在运动活动中的心理稳定性以及主观努力程度、自持力和忍耐力等都直接影响耐力素质水平的发展，特别是忍耐力与耐力素质的关系更为密切。所谓忍耐力是指人体忍受机体发生变化后的能力，忍耐力的大小和有机体发生变化的程度以及对其忍受时间的长短有关，忍耐力越大，也就越能长时间地忍受有机体发生的剧烈变化，如在以强度为主的长时间练习中，有机体会发生很大的变化（如缺氧、酸性物质堆积等），在这种情况下，如果运动员的忍耐力不能忍受这种变化，练习就将中止，耐力素质的发展也只能停留在某一水平上。一般说，耐力素质要得到最大限度的发展，就必须利用充分动员起来的忍耐力来克服耐力发展过程中一个又一个的"极点"。

（三）最大吸氧量

最大吸氧量是指在运动过程中，人体的呼吸和循环系统发挥出最大机能水平时，每分钟所能吸取的最大氧量。最大吸氧量的大小对耐力素质的影响十分明显，因为最大吸氧量本身就是反映有氧耐力水平的一个重要指标，最大吸氧量越大，有氧耐力水平也就越高。

最大吸氧量在很大程度上受遗传影响。除此之外，最大吸氧量与肺的通气机能、氧从肺泡向血液弥散的能力、血液结合氧的能力、心脏的泵血功能、氧由血液向组织弥散的能力、组织的代谢能力等有十分密切的关系。在以上诸多因素中，具有明显可控量化指标的是血液结合氧的能力。血液结合氧的能力可通过血液中血红蛋白的含量来反映，血液中血红蛋白含量越高,血液结合氧的能力就越强。

(四) 有机体的能量储备与供应能力

有机体活动时的能量供应和能量交换的程度,在某种意义上取决于各种能量储备的大小和能量交换过程的运动员水平,能量储备越大,耐力发展的潜力也越大。如肌肉中磷酸肌酸(CP)、糖原的含量增多,有利于无氧、有氧耐力水平的提高。肌肉中的磷酸肌酸(CP)储备能保证速度耐力活动中的能量供应,而肌肉中的糖原储备则是耐力活动中能量供应的主要方面。能量供应的速度主要取决于能量交换的速度,耐力水平高的运动员,其体内能量交换的速度也快,从而保证了能量供应在人体活动中的不间断。能量交换的速度主要和各种酶系的活性有关,耐力训练能有效地提高各种酶系的活性(如肌酸激酶、乳酸脱氢酶、氧化酶等),加快三磷腺苷(ATP)的分解与合成速度。

(五) 有机体机能的稳定性

有机体机能的稳定性是指有机体的各个系统在疲劳逐步发展、内环境产生变化时,机能积极性仍然保持在一个必要的水平上。由于耐力活动会产生大量乳酸,乳酸的逐步堆积也会引起肌肉组织和血液中的pH(酸碱度)下降,从而引起一系列人体机能下降的现象。如神经肌肉接点处兴奋的传递受到阻碍,影响冲动传向肌肉;酶系的活性受到限制,使三磷腺苷(ATP)合成速度减慢;钙离子浓度下降,肌肉收缩能力降低等。由此可见,有机体机能的稳定性往往取决于有机体的抗酸能力,抗酸能力越强,稳定的程度就越高。影响有机体抗酸能力的因素有许多,但主要和血液中的碱储备有关,碱储备是缓冲酸性的主要物质,习惯上以血浆中与碳酸结合的碱含量来表示。运动员的碱储备比未受过训练的人高出10%左右,这对提高运动员的抗酸能力,保持机能的稳定性是有利的。

(六) 有机体的机能节省化

耐力素质的水平还取决于有机体的机能节省化程度。机能节省化和有机体能量储备的利用率有很大关系。耐力活动过程中,各种协调性的完善、体力的合理分配都能有效地提高能量储备的利用率。如协调性的完善可以减少不必要的能量消耗;体力的合理分配可以提高能量的合理利用程度(匀速能量消耗少,变速能量消耗大)。总之,高度的机能节省化,能使人体活动时单位时间内能量消耗减少到最小,从而保证人体的长时间活动。

(七) 耐力素质取决于红肌纤维数量

人体肌肉纤维的类型及数量对耐力素质也有影响。据研究,肌肉中红肌纤维因含血红蛋白多,线粒体多,氧化酸化供氧能力强,收缩速度虽慢但能持久,适宜有氧耐力训练。据测定,耐力型项目运动员肌肉中红肌纤维占的比重极大,优秀的长距离游泳运动员的三角肌中,红肌纤维可达90%左右。所以红肌纤维占优势的人,为发展耐力素质提供了物质条件。

(八) 速度的储备能力

速度的储备能力即以较少的能量消耗来保持一定速度的能力,这也是影响耐力特别是影响专项耐力的因素之一，在周期性运动项目中，其重要作用尤为突出。如一名在 100 米竞赛中跑出 10.5 秒的成绩的运动员，在跑 400 米时成绩达到 50 秒是很容易的，因为他的速度储备指数是 $50÷4-10.5=2$ 秒；而一名在 100 米竞赛中跑出 12 秒的成绩的运动员，在跑 400 米成绩要达到 50 秒是很困难的，因为他的速度储备指数是 $50÷4-12=0.5$ 秒。这就是说，如果运动员能以较快的速度跑完一个短距离，那么也能以较快的速度更容易地跑完较长的距离。因为速度储备较高的运动员能以较少的能量消耗保持一定的速度，从而达到轻松持久的效果，这就是中距离项目运动员所要求的专项耐力。

除此之外，运动技能水平的高低、体型、性别、体温等因素也都会不同程度地影响着耐力素质的水平。

二、一般耐力素质训练

（一）有氧耐力训练

1. 根据最大摄氧量，进行连续练习和间歇练习

最大摄氧量是指身体发挥最大功能水平，每分钟摄入并供给组织细胞消耗的氧气量，它是有氧代谢能力的基础。一般人的最大摄氧量为 2～3 升/分，经常参加体育锻炼的人最大摄氧量可达 4～9 升/分。运动员在进行有氧训练时，可以把最大摄氧量作为确定运动强度的参考指标。

2. 运用无氧阈进行锻炼

无氧阈是人体在进行递增性体育锻炼过程中，由有氧代谢供能开始到大量运用无氧代谢供能的转折点，这一转折点相当于一般人心率在 140～150 次/分时的运动强度。也就是说，体育锻炼时心率在 150 次/分以下，主要是发展有氧耐力；心率在 150 次/分以上，则主要是发展无氧耐力。因此，不管采用何种体育锻炼方式发展有氧耐力，心率都不超过 150 次/分。

（二）无氧耐力训练

1. 乳酸供能练习法

练习负荷强度达到身体负荷的 80%～90%，练习时心率达到 160～175 次/分，每次练习的时间可控制在 35～120 秒，练习 2～4 次，练习 3 组左右，组间休息 15 分钟左右。如 200 米跑，3 次一组，练习两组，每次跑间歇时间保持一致，也可逐次缩短。

2. 非乳酸供能练习法

练习负荷强度达到身体负荷的 90%～95%，练习时心率达到 180 次/分以上，练习持续时间 3～8 秒，重复次数 2～4 次，练习组数 3～5 组。如 30 米快跑，每组 3 次跑 4 组，每次间隔 1～2 分钟，组间休息 7 分钟左右。

三、篮球专项耐力素质训练

（一）发展弹跳耐力的方法

第一，用本人绝对弹跳 80% 的高度连续跳 20～30 次为一组，跳若干组，组间休

息 2~3 分钟。

第二，5 分钟跳绳练习：双脚双摇跳 30 秒，左脚单跳 1 分钟，右脚单跳 1 分钟，完成两个循环正好 5 分钟（可根据训练水平调整负荷）。

第三，连续原地或助跑单手摸高，连续助跑起跳摸篮板。

第四，双脚连续跳阶梯，跳 8~10 个高栏架。

第五，原地或沙地连续直膝跳、蹲腿跳、跳起抱膝。

（二）发展速度耐力的方法

第一，多组 200 米或 400 米全速跑，每组间歇时间为 1.5~2 分钟。

第二，1500 米变速跑，直道时全速跑，弯道时慢跑。

第三，30 米冲刺 10 次，每次间歇 15~20 秒。

第四，60 米冲刺 10 次，每次间歇 30 秒。

第五，长距离定时跑，3000 米、5000 米或越野跑。

（三）发展移动耐力的方法

第一，看教练员手势向各个方向移动，2~3 分钟为 1 组。

第二，单人全场防守滑步。

第三，30 秒 3 米左右移动 5~8 组。

第四，全场、半场篮球赛，或小场地足球赛，要求人盯人防守。

（四）发展比赛耐力的方法

第一，身体训练以后再进行篮球比赛。

第二，2 人、3 人、4 人全场往返快攻传球练习。练习时球不能触地，队员要全速跑，连续进行 30 个来回。

第三，30 秒投篮练习。投篮点为场地中任意两点，队员要尽可能快速地从一点移动到另一点接球投篮，在 30 秒内投中 8 个 2 分球或 6 个 3 分球。

第四节 高校篮球灵敏素质训练

一、影响灵敏素质的因素

（一）解剖因素

1. 体型

运动项目的体能训练对体型的要求各不相同，例如：篮、排球运动项目具有篮高、网高的特点，要求大学生必须身材高大；足球项目的场地大、范围广，要求大学生在体能训练方面注重速度、耐力、灵活的动作、快速的反应，并能充分进行合理冲撞，因此建议选身高、体重在中上等的、下肢有力的大学生；跳高项目要求大学生身材高大、体形偏瘦、躯干短、下肢长，下肢越长，重心越高，摆动半径越大，获反作用力越大，身瘦体轻有利于空中控制身体顺利过竿。

从以上不同项目的体能训练特点来看，不同的项目要求不同的体型，这种体型必须有利于该专项技术的发挥，并能在该专项中表现出高度的灵敏素质，因此，灵敏素质的好坏并不是由体型来定义的。但一般情况下，过高而瘦长的、过胖或梨形体形的大学生，灵敏素质一般不高；"O"形腿、"X"形腿的人缺乏灵活性；肌肉发达的中等或中等以下身高的人，往往因有高度的控制力而表现得非常灵活。

2. 体重

体重是由脂肪、肌细胞、水、矿物质构成的。其中脂肪和肌细胞的增长占有重要的比例，当每日的饮食能量超过一天的标准时，其多余的部分就会引起脂肪增长，而肌细胞增长是通过锻炼实现的。脂肪过多会影响肌肉收缩效率，增加不必要的体重等于增加体能训练时的阻力，从而影响身体的灵活性，因此必须进行合理的训练增加肌肉比重，再配以低卡进食逐渐减少脂肪。

(二) 生理因素

1. 神经过程的灵活性

高度的灵敏素质是在娴熟的运动技能基础上表现出来的，是在大脑皮层分析综合能力高度发展的情况下体现的。大脑皮层的分析综合能力是在时间和空间上紧密结合进行的，因此，大学生在学习每一个动作时都要按一定顺序进行，大脑皮层概括动作的难易度，所给予的刺激也按一定顺序正确地反映出来，多次重复会形成熟练的动作。

以篮球运动中的上篮动作为例：①通过视觉判断上篮时的距离及篮的高度；②通过位觉感觉起跳后身体的空间方位；③通过皮肤触觉感知地面硬度及手投篮的力量。

这些刺激所引起的兴奋传到大脑皮层的相应区，并按严格的时间和顺序产生兴奋、抑制，经过多次强化，各感觉中枢与运动中枢的动觉细胞发生暂时联系而形成运动技能。

只有通过大量的重复训练，使动作不断地熟练，才能使大学生在突然变化的环境中顺利地完成动作，使大脑皮层的兴奋和抑制的转换能力加强，从而提高大脑皮层神经过程的灵活性。通过这样的体能训练，大学生在任何环境中都能熟练地把动作表现出来。

运动实践证明，不同的体育项目有不同的体能训练方法。如篮球的传球、运球、投篮，足球的传递、带球、躲闪、射门，体操的空翻、回环、倒立、全旋等，只有掌握了这些专门的技能，并且在体能训练中运用自如，才能使大学生的专项体能训练迅速提高。而灵敏素质寓于这些运动技能之中，以动作形式灵活熟练地表现出来。因此，基本动作、基本技术掌握得越多越熟练，不仅学习新的动作快，而且在战术运用中也更富有创造力，人也显得更灵活，随机应变能力也更强，从而表现的灵敏素质也更高。

2. 运动分析器的机能

人体在完成动作时，肌肉产生收缩，通过肌肉肌梭（感知肌纤维长度、张力变化）、腱梭（感知牵张变化）产生的兴奋传入神经中枢进行分析综合活动，感知身体在空间的位置、姿势以及身体各部位的运动情况，并与视觉、位觉、触觉以及内感受器相互作用，实现空间方位感觉。在肌肉感觉及空间方位感觉的基础上，大脑皮层才能随环境变化调节肌紧张，以实现各种协调精确的动作。运动分析得越完善，则大学生对肌肉活动用力大小、快慢肌分析的能力越高，完成动作时间的判断越精确。有些大学生即使闭上眼睛也能完成某些动作，这就是运动分析的作用。

在体能训练中，有的学生的脚表现得很灵活，有的学生的手表现得很灵活，这是因为经常使用哪些部位，哪些部位就表现得较灵活。如参加网球训练的大学生习惯用哪只手，哪只手就相对的灵活；篮球运动要求大学生左右手运球、投篮都应灵活；足球运动要求左右脚射门、带球都应灵活；体操运动中大学生习惯一个方向的转体、一个方向的全旋等，这是因为支配该部位运动器官的神经中枢的分析综合能力的高度完善。

（三）其他因素

1. 年龄因素

人从出生到 7 岁左右，平衡器官就已经得到了充分的发展。到 12 岁左右，灵敏素质稳定提高，这个时期是提高动作频率、反应速度及单个动作速度的最佳年龄，因此，从事体操体能训练的人应尽量多地体会一些难度较大的翻转动作。13~15 岁为青春期，身高增长较快，灵敏素质相对有所下降，以后随年龄增长又稳定提高直至成人。

2. 性别因素

灵敏素质与性别有关。在儿童期，男女孩的灵敏素质不存在较大差异，进入青春期后，男孩灵敏素质的发展明显优于女孩。女孩进入青春期，由于体重增加，有氧能力下降，内分泌系统变化，灵敏素质会一度出现明显的生理性下降趋势。所以，在了解这一规律的同时，就应在青春期以前加强女孩的灵敏素质训练，使其得到较好发展。

3. 疲劳因素

大学生在体能训练疲劳时，动作反应迟钝，速度降低，动作不协调，其灵敏性也会明显下降，这主要是因为疲劳将导致中枢神经系统灵活性与机体活动能力降低。由于大脑皮质的能源供应不足（缺乏 ATP），从而产生保护性抑制，使肌肉力量不能发挥，因此，在发展灵敏素质训练中和训练后都要及时消除疲劳，在兴奋性比较高、体力充沛的时候发展灵敏素质效果最好。

4. 情绪因素

人的情绪在高涨时显得特别灵敏，而情绪低落时，灵敏性则会降低。因此情绪的好坏会影响感觉的机能，良好的感觉机能会使动作表现得更为准确，反应迅速，并且在时间和空间上表现出准确的定时定向能力。

由于体能训练环境的影响及其他生理、心理原因会导致情绪的变化，可能会过度兴奋，使兴奋扩散不能集中而造成身体失控，也可能会过度抑制，精神不振，造成动作无力不协调。因此，综合素质较全面的大学生在体能训练时应学会自我调节情绪，使自己在体能训练中具有良好的情绪。

大学生情绪高涨时，头脑清晰，身体充满力量，对完成动作充满信心，身体轻快灵活。如篮球运动中，大学生投篮命中率提高；体操运动中，大学生完成动作自然，调控能力强；足球运动中，大学生感到球在自己脚下随心所欲等。达到这种程度除身体素质好、技术熟练外，主要是良好情绪的作用。但这种状态有时不是人的意识所能决定的，所以应加强心理训练，以提高适应环境的能力和学会调节自然情绪的方法。

5．运动经验因素

科学研究表明，掌握基本技术越多、越熟练，学习新的运动技能越快，技术运用也越灵活，越富有创造力，表现出的灵敏素质也就越高。因为长期的学习、运用各种技术动作提高运动技能，可以丰富人的运动实践经验，增加身体素质和技术动作储备，从而促进灵敏素质水平的不断提高。

6．气温因素

气候阴雨潮湿，温差大，也会降低关节的灵活性与肌肉韧带的伸展性，造成灵敏性下降。因此，大学生在进行体能训练时，要注意气温的变化，根据气温来调节自我身体机能，以提高身体的灵敏素质。

二、篮球一般灵敏素质训练

篮球灵敏素质的训练可将各种专项技术和辅助练习结合起来进行，另外各种脚步动作的转换练习、抢断球游戏、绕过障碍的接力赛、传接各种难度的球、接地滚球，各种滚翻、手翻、闪躲和模仿练习，以及在快跑中根据信号进行急停、起动、后退跑、转身跑和改变方向跑等都可以运用到篮球灵敏素质训练中来。灵敏素质是人体综合能力的表现，因此要发展灵敏素质必须从全面发展身体素质的综合能力入手，重点培养运动员掌握动作的能力、反应能力和平衡能力等。

篮球一般灵敏素质的训练可采用以下几种方法：①固定转换体位的练习，如各种穿梭跑、8字跑和折返跑等，主要发展人体的基本灵敏能力。②在跑、跳中做迅速改变方向的各种跑、躲闪、突然起动以及各种快速急停和迅速转身等练习。③突然发出各种指令信号，练习者接收信号后，迅速做出应急反应，这种方法主要是提高人体灵敏性。④器械、体操、武术中的一些复杂动作练习，以及速度、动作、力量、高度、方位等经常变化的不对称练习和各种球类活动。⑤做复杂多变的综合练习，如用"之字跑""躲闪跑""穿梭跑"和"立卧撑"四项组成的综合性练习。⑥变速和变向练习。在跑、跳过程中快速、协调、准确地完成各种动作，如变向、变速、急停、急起、转体等。⑦专门练习，如立卧撑跳转 180°。连续进行、上步纵跳、左右弧线助跑、单腿起跳、旋转 360°连续进行等。

三、篮球专项灵敏素质训练

（一）提高反应判断的训练

第一，按口令做动作。

第二，按口令做相反的动作。

第三，原地、行进间或跑动中听口令做动作。如喊数抱团成组，加、减、乘、除简单运算得数抱团组合等。

第四，听信号或看手势做急跑、急停、转身、变换方向等练习。

第五，听信号的各种姿势起跑。如站立式、背向、蹲、坐、俯卧撑等姿势。

第六，一对一追逐模仿练习。

第七，一对一互看对方背后号码。

第八，一对一脚跳动猜拳、手猜拳、打手心手背、摸五官等练习。

第九，跳绳练习。如两人摇绳，从绳下跑过转身，从绳上跳过等。

第十，各种游戏，如叫号追人、追逃游戏、抢占空位、打野鸭、抢断篮球等。

（二）发展平衡能力的训练

第一，在平衡木上做一些简单动作的练习。

第二，在肋木上横跳、上下跳练习。

第三，各种站立平衡练习，如俯平衡、搬腿平衡、侧平衡等。

第四，一对一面向站立，双手直臂相触，虚实结合相互推，使对方失去平衡。

第五，一对一弓箭步牵手面向站立，虚实结合互推互拉，使对方失去平衡。

第六，急跑中听信号完成急停动作。

第七，用手扶住体操棒，然后松手转身击掌再扶住体操棒使其不倒。

第八，向上抛球转体 2~3 周再接住球练习。

第九，原地跳转 180°、360°、720°落地站稳练习。

第十，旋转 360°后，保持直线运行练习。

第十一，障碍曲线转体跑练习。

第十二，原地连续转 5~8 周，然后闭目沿直线走 10 米，再睁眼看自己走的方向是否准确。

第五节　高校篮球柔韧度素质训练

一、影响篮球柔韧度素质的因素

（一）关节类型与结构

人体关节按关节面的形状分，主要有滑车关节、圆柱关节、椭圆关节、鞍状关节、球窝关节和平面关节。根据关节运动轴心和自由度多寡可分为单轴、双轴和多轴关节。关节的类型决定自身的灵活性。在以上几种关节类型中，球窝关节是灵活性最大的关节，椭圆形关节和圆柱形关节的灵活性属中等，而鞍状关节和滑车关节则是灵活性最小的关节。与关节相适宜的表面结合形态（容量和面积）是决定关节灵活程度的主要因素。因此，相适宜的结合面越大，关节的灵活性就越小。

关节结构是依据人体生理生长规律需要而形成的。在柔韧素质的影响因素中，关节结构是影响柔韧素质最不容易改变的因素，其基本上是由遗传因素决定的。因此，关节运动幅度被限定在一定范围之内，通过训练是难以改变的。关节头和关节窝两个关节面的面积之差决定着关节的活动范围，两个关节面的面积之差越大，则关节活动的幅度就会越大。

尽管体能训练可在一定程度上改变关节结构，如关节内软骨形态的变化，但这种变化也只能在关节结构允许的范围内出现。与关节相适宜的结合面的大小和弯曲程度决定着关节的运动幅度，关节面的差异越大，骨头相对相互渗透的可能性越大；而关节面的弯曲度越大，偏转的角度越大。

（二）跨过关节的肌肉、肌腱、韧带

对于柔韧素质的发展来说，肌肉、肌腱、韧带等连接组织的弹性具有十分重要的作用。

关节的加固主要靠肌腱和韧带，肌肉从关节外部补充加固关节力量，控制关节活动幅度。

韧带本身是抗拉性很强的组织，它主要的作用是加固关节，限制关节在一定范围内运动，从而保护关节不致超出解剖允许的限度而受伤。

在一般活动中，很少达到这种关节面所允许的解剖限度。这是因为与运动方向相反的对抗肌伸展不足造成进一步的限制所致。如屈膝伸膝时，当举腿在水平面时可任意屈膝伸膝，可当大腿贴胸开始时，屈膝自如，但伸膝感到困难，这是因为人腿后侧肌群及韧带伸展不足所致。可见发展某一关节的柔韧主要是发展限制关节活动幅度的对抗肌，使其主动受到牵拉伸展，逐渐增加它们的伸展度，从而扩大关节的运动幅度。

具体发展某一关节的柔韧性时，主要发展控制关节屈、伸肌的伸展性及协调能力。例如：发展膝关节的伸膝能力，主要发展大腿后部肌群及小腿后部肌群的伸展性；发展屈膝能力，主要发展大腿、小腿前部肌群的伸展性；发展体后仰的柔韧性，主要发展肩部肌群、胸大肌、腹肌及大腿前部肌群的伸展性。可见，在发展某一部位柔韧性时，应让屈、伸肌相互协调发展才能提高关节的柔韧性。

（三）神经系统的兴奋和抑制

神经系统兴奋与抑制过程转换的灵活性与运动活动中肌肉的基本张力有关。特别是中枢神经系统调节对抗肌之间协调性的改善，以及对肌肉紧张与放松能力的提高都会影响柔韧素质。神经过程灵活性越高，肌肉兴奋性强，肌肉、肌腱、韧带的弹性和伸展性越好，支配肌肉收缩与放松的能力越强，会使肌肉、肌腱、韧带的弹性和伸展性得到提高。

（四）关节周围肌肉的厚度与强度

关节周围肌肉的厚度与强度过大，会限制关节的活动范围，对柔韧素质的发展也会起到积极的促进作用。关节周围肌肉的厚度与强度的大小，往往受先天因素的影响较大，同时也与后天的体能训练有一定关系。经过一定时期的体能训练，柔韧素质会随关节周围肌肉厚度与强度的逐渐增加而有所降低。因此，关节周围肌肉的厚度与强度对关节的活动能力与活动范围意义重大。

（五）性别与年龄

从生理学角度来说，男子肌肉纤维长度、横断面积均大于女子，而在关节的灵活性方面，女子的灵活性较男子的灵活性要好。因此，女运动员的柔韧素质较男运动员的柔韧素质要好。

年龄也是影响身体柔韧素质的一个重要因素。在一定年龄之前，随着人的自然生长、年龄的增长，骨的骨化程度增强，肌肉力量也会逐渐增长，而人体的柔韧素质则会出现逐渐下降的趋势，柔韧素质的获得与发展阶段也会随之发生一定的变化。

青少年的柔韧素质会随肌肉力量的增加而逐渐发生变化。7~8岁的儿童，肌纤维获得类似成人的基本结构特性，这一年龄段，所有肌肉的肌腱会快速增长，腿膜与筋膜不断增厚，联合组织不断增加，肌肉内的血管通道不断获得改善，出现新的毛细血管，血管网变得很稠密，血管壁上出现许多弹性组织，肌肉和韧带有很高的弹性，在关节里有很多滑液。而对于13~15岁的青少年来说，其肌肉力量逐渐增长，其他肌肉特性也逐步获得完善，肌纤维的数量与横断面积不断增长，同时，随着肌肉收缩机能的分化，联结组织也得到发展。

对于高校大部分学生而言，由于身体发育已趋向成熟，因此进行柔韧素质训练会有一定难度。而对于作为学校竞技体育后备人才的部分学生来说，需要在已获得的柔韧素质训练的基础上，增加柔韧素质训练的负荷和难度，并进一步加强专项所需要的柔韧素质训练。

（六）温度

外界温度对身体柔韧素质也有一定的影响。当外界气温在18℃以上时，机体的新陈代谢会增强，供血会增多，肌肉的黏滞性会减小，这对提高肌肉的弹性与伸展性具有积极的促进作用，从而进一步提高了身体的柔韧素质。

影响柔韧性的温度有外界环境温度和体内温度。体内温度的调节用于补偿外界环境对机体产生的不适应，如当外界环境温度低时，必须做好充分的准备活动，提高肌肉温度，增加柔韧性；当外界环境温度高时，将排出一定量的汗液来降低温度，以免肌肉过早出现疲劳，降低关节的柔韧性。一天内的时间与外界温度有变化，但更重要的是一天内人体的机能状态不同，会有一定的变化。

（七）心理因素

心理因素也对身体柔韧素质有重要影响。心理紧张焦虑程度会通过中枢神经系统影响机体各部位的工作状态，如果运动员心理紧张焦虑度过强、焦虑时间过长，都会使神经过程由兴奋转为抑制。心理上的紧张焦虑会严重影响身体各部位的协调能力，并最终导致身体柔韧素质降低。

此外，柔韧素质的提高离不开大学生的毅力、耐心、意志以及长期坚持不懈的训练。因此，大学生要想提高柔韧素质，需要经过长期艰苦的训练。同时，因为柔韧素质训练中经常会伴有疼痛感，如果停止训练，意志又容易消退，所以，发展柔韧素质需要坚强的毅力和意志，只有坚持不懈地练习，才能有效地提高柔韧素质。

（八）疲劳程度

疲劳程度对柔韧素质的影响也很大。当身体处于疲劳状态时，肌肉的弹性、伸展性和兴奋性都会降低，收缩与放松也变得迟钝，进而影响柔韧素质，导致柔韧素质下降。其主要表现为主动柔韧素质下降、被动柔韧素质提高，此时进行被动柔韧素质训练较为适应。

二、一般柔韧素质训练

拉伸法是发展篮球运动员一般柔韧素质常用的方法，拉伸法又分为动力拉伸法和静力拉伸法。动力拉伸法是指有节奏地重复同一动作练习，可使软组织逐渐被拉长；静力拉伸法是指用缓慢的动作将软组织拉长到一定程度时停止不动，从而使软组织受到持续拉长的刺激。

在动力拉伸法和静力拉伸法中，一般都包括主动练习和被动练习两种方式。前者是靠自己的力量将软组织拉长，而后者则是靠外力帮助使软组织拉长。在篮球一般柔韧素质训练中，要将这两种方式结合起来加以运用。柔韧性练习的强度，主要反映在用力大小和负重多少这两个方面，用力或负重要逐渐加大，但不得超过用力或负重量的50%。在实际的练习中，重复次数因运动员的年龄、性别、阶段等的不同而定，原则上说，女子比男子少，少年比成年少，保持阶段比发展阶段少。每组做 10~12 次练习，持续时间为 6~16 秒，间歇时间一般依主观感觉而定。采用静力拉伸时，伸展最大限度时的固定时间在 30 秒左右。

三、篮球专项柔韧素质训练

（一）手指、手腕练习

第一，臂胸前平屈，双手指尖向上，十指尖反复相压。

第二，压腕练习。

第三，持木棒做腕绕环。

第四，十指屈伸连续弹动。

第五，俯卧手指撑。

第六，利用哑铃做手腕屈伸、绕环练习。

（二）肩关节练习

第一，主动或被动地压肩、拉肩、吊肩、转肩。

第二，在单杠上做各种握杠的悬垂，借助绳或木棍的转肩运动等。

第三，双手握单杠悬挂，脚上悬挂重物（如沙袋等）或由他人施力向下拉，持续数秒钟。

第四，各种肩绕环，可以徒手或持哑铃。

参考文献

[1] 程建军. 高职体育教学中篮球体育创新能力培养 [J]. 农家参谋，2020（10）：282.

[2] 邓礼胜. 高校篮球教学质量提升的影响因素及发展趋势探究 [J]. 青少年体育，2015（05）：13－14.

[3] 房辉. 基于新媒体的高校篮球教学模式创新探析 [J]. 冰雪体育创新研究，2021（22）：123－124.

[4] 高治. 现代篮球技战术实践与创新 [M]. 北京：中国书籍出版社，2014.

[5] 郭向，王真. 高校篮球教学与训练现状及其方法创新探析 [M]. 体育视野，2020（3）：63－64.

[6] 胡安义，肖信武. 高校篮球技战术教学与实战训练 [M]. 北京：人民体育出版社，2010.

[7] 黄滨，翁荔. 篮球运动 [M]. 杭州：浙江大学出版社，2014.

[8] 黄德星. 篮球训练执教方略 [M]. 昆明：云南大学出版社，2014.

[9] 黄国荣，刘星. 新时期高校篮球课教学模式创新的相关研究 [J]. 冰雪体育创新研究，2021（4）：96－97.

[10] 黄俊玉. 慕课在高校体育教学中的应用研究 [J]. 中山大学研究生学刊，2015（3）：7.

[11] 贾志强. 贺金梅，篮球基本技术课堂 [M]. 北京：北京体育大学出版社，2015.

[12] 李芝远. 贵州省遵义市区示范性高中篮球教学现状与问题研究 [D]. 哈尔滨：哈尔滨体育学院，2018.

[13] 刘强. 基于多维视角的高校篮球教学研究 [M]. 北京：人民日报出版社，2017.

[14] 唐建倦. 现代篮球运动教程：理论·方法·实践 [M]. 广州：华南理工大学出版社，2014.

[15] 王峰. 篮球运动规律与技术原理分析 [M]. 北京：科学出版社，2015.

[16] 王峰. 现代篮球运动的理论研究 [M]. 北京：人民日报出版社，2013.

[17] 王敬红，王镤. 关于对高校篮球训练创新模式的研究 [J]. 智库时代，2020（7）：265－266.

[18] 王振涛. 篮球教学理论与应用研究 [M]. 北京：中国书籍出版社，2017.

[19] 肖建辉. 篮球训练基本方法浅谈 [J]. 农家参谋，2020（6）：231.

[20] 谢录明.功能性训练在篮球体能训练中的应用研究［J］.体育风尚，2020（3）：75.

[21] 谢燕妮.高校篮球队体能训练中存在的问题分析及优化策略研究［J］.农家参谋，2019（14）：276.

[22] 许博.篮球规则图解（2015版）［M］.北京：化学工业出版社，2015.

[23] 杨改生.中国篮球运动发展研究［M］.郑州：河南大学出版社，2014.

[24] 尹承昊.中国人的篮球体能训练秘籍［M］.北京：机械工业出版社，2015.

[25] 赵颖慧.高校篮球运动基本理论教学水平研究［J］.教育评论，2018（11）：166.